Metodologias Ativas na Pós-Graduação

Escuta, curiosidade e amor

Este trabalho foi realizado com apoio da FAPERJ – Fundação Carlos Chagas Filho de Amparo à Pesquisa do Estado do Rio de Janeiro, com Bolsa de Bancada para Projetos, no âmbito do Programa Jovem Cientista do Nosso Estado E-26/201.356/2021 (Brasil).

Este trabalho foi financiado por fundos nacionais através da FCT - Fundação para a Ciência e a Tecnologia, I.P., no âmbito do Projeto UIDB/04521/2020 (Portugal).

Metodologias Ativas na Pós-Graduação

Escuta, curiosidade e amor

Ana Paula André
Cláucia Piccoli Faganello
Igor Vinicius Lima Valentim (Org)
Kelly Cebelia das Chagas do Amaral
Najara Escarião Agripino
Paulo de Tarso Xavier Sousa Júnior

ComPassos Coletivos
2023

ComPassos Coletivos

livros@compassoscoletivos.com.br

Rio de Janeiro | Brasil

Conselho Editorial

Profª. Drª. Daniele Maria Oliveira de Jesus (Australia)
Prof. Dr. Igor Vinicius Lima Valentim (Brasil)
Prof. Dr. José Maria Carvalho Ferreira (Portugal)
Prof. Dr. Paulo Roberto da Silva (Brasil)
Prof. Dr. Ricardo Luiz Pereira Bueno (Brasil)
Profª. Drª. Simone Torres Evangelista (Brasil)

Primeira edição: julho de 2023

Capa e Imagem na capa: Igor Vinicius Lima Valentim
Contracapa: imagem de Bing Han em Unsplash.com

Trechos deste livro podem ser reproduzidos, desde que seja citada a fonte e que isso aconteça sem finalidade comercial e/ou lucrativa. Para a reprodução do livro completo é necessária a autorização da editora.

Catalogação na Publicação (CIP)

M593

Metodologias ativas na Pós-Graduação: escuta, curiosidade e amor / organizador Igor Vinicius Lima Valentim. - Rio de Janeiro: ComPassos Coletivos, 2023.

162 p.

Inclui referências, indice remissivo e informações sobre os autores.

ISBN (edição impressa): 978-65-991339-9-2
ISBN (edição digital EPUB): 978-85-663980-4-5

1. Educação Superior 2. Universidade 3. Pós-Graduação 4. Práticas Educacionais 5. Metodologias Ativas I. Título.

CDU 37.022

*Para Elza e Genaro,
eternas referências*

SUMÁRIO

13 — Por uma Pós-Graduação baseada na escuta, na curiosidade e no amor
Igor Vinicius Lima Valentim

31 — Englobando vozes: como foi a experiência de participar da disciplina Escuta, Curiosidade e Amor?
Ana Paula André, Kelly Cebelia, Cláucia Faganello, Paulo de Tarso e Najara Escarião

39 — É possível uma ciência da Administração mais amorosa?
Cláucia Piccoli Faganello

65 — Amora curiosa: buscando novas formas de ensinar e aprender
Kelly Cebelia das Chagas do Amaral

79 — Memórias e diásporas pandêmicas: o que se aprendeu diante disso por um curta metragem?
Paulo de Tarso Xavier Sousa Junior

95 — Dialogando com professores: a formação docente continuada e a tecnologia
Ana Paula André

111 — Escuta no processo acadêmico: a relação orientador/orientando na Pós-Graduação
Najara Escarião Agripino

137 — Considerações sobre a construção deste livro-ferramenta
Igor Vinicius Lima Valentim

143 — Índice Remissivo

153 — Sobre os autores

1

Por uma Pós-Graduação baseada na escuta, na curiosidade e no amor

Igor Vinicius Lima Valentim

Como estimular a construção de uma sociedade mais aberta à escuta, que valorize a curiosidade das pessoas e que seja mais amorosa em suas relações? Como pode a universidade pública, mais especificamente em Mestrados e Doutorados, contribuir nesta direção?

Apresentar esta obra é, antes de tudo, apresentar o contexto em que ela foi elaborada. Este livro nasce da riqueza e da potência de encontros. E nem sempre os encontros que temos em nossas vidas ocorrem de forma presencial.

O que leitores e leitoras encontram hoje, aqui, em formato de livro acabado, é fruto de uma aventura coletiva que teve início em uma disciplina de Pós-Graduação Stricto Sensu chamada **Escuta, curiosidade e amor**. Ela foi lecionada a partir do Programa de Pós-Graduação em História das Ciências, Técnicas e Epistemologia, da Universidade Federal do Rio de Janeiro (HCTE/UFRJ), em 2022, de maneira totalmente remota e baseada em métodos ativos de aprendizagem.

A disciplina contou com estudantes de Mestrado e Doutorado de todas as cinco regiões do Brasil. Foram mais de 120 inscritos, dos quais só tive como selecionar aproximadamente 50 para iniciarem o semestre.

Escuta, curiosidade e amor? Mas que disciplina de Mestrado e Doutorado é essa?

> "Como, a partir da escuta
> e da abertura aos outros,
> podemos imaginar e construir
> outras universidades
> e outros mundos?"

Esse foi o mote principal para a criação da disciplina e sua primeira oferta. Como este não é o espaço ideal para tanto, uma explicação minuciosa e muito detalhada sobre a disciplina, incluindo todas as suas etapas, planejamentos, métodos, procedimentos, reflexões e perspectivas educacionais, está apresentada em outra obra[1]. Ainda assim, é importante, para a apresentação deste livro, explicitar alguns aspectos. **Escuta, curiosidade e amor** foi baseada em três características:

i. Foi lecionada em modo remoto, online, síncrono, e teve inscrições abertas para estudantes de quaisquer Programas de Pós-Graduação (PPG) do Brasil, de quaisquer áreas ou universidades;

ii. Foi baseada integralmente em métodos ativos e numa perspectiva transdisciplinar, colocando no centro do processo educacional os interesses dos estudantes, suas curiosidades e atividades produzidas;

iii. Buscou estimular mais valorização e uso da escuta, da curiosidade, e a presença do amor nas relações.

---

[1] VALENTIM, I. V. L. Metodologias ativas e ensino remoto na Pós-Graduação: duas experiências em disciplinas de Mestrado e Doutorado. Rio de Janeiro: Compassos Coletivos, 2024 (no prelo).

i. Disciplina de Pós-Graduação remota em 2022?

Em 2020 e 2021, com a pandemia de covid-19 no auge, a maior parte das universidades públicas brasileiras estava realizando suas disciplinas de Graduação e de Pós-Graduação em modo remoto e online. Não foi fácil, mas decidi, em 2022, que **Escuta, curiosidade e amor**, logo em sua primeira edição, seria ofertada em modo remoto. E não apenas isso. Que ela seria aberta a estudantes de Mestrado e Doutorado de qualquer PPG do Brasil, sem cobrar absolutamente nenhuma taxa dos estudantes[2].

Essa decisão não foi fácil de ser tomada, por inúmeros motivos. Houve muitos desafios para tornar possíveis essas experimentações, inclusive do ponto de vista institucional (desde normas até colegas conservadores).

A instituição não possuía uma política clara sobre a possibilidade de disciplinas de Pós-Graduação serem lecionadas em modalidade remota ou mesmo híbrida. Para além disso, mesmo hoje, em 2023, a UFRJ ainda não tem um sistema acadêmico por meio do qual estudantes provenientes de outras instituições que cursem disciplinas de Pós-Graduação na universidade possam efetuar registro e pedido de inscrição nas disciplinas desejadas a cada semestre.

---

[2] Existem algumas universidades que, mesmo sendo públicas, cobram taxas de estudantes de Mestrado e Doutorado de outras universidades (ainda que também públicas) para cursarem suas disciplinas de Pós-Graduação. Hoje, em 2023, a UFMG é um exemplo disso, cobrando R$ 194,57 por disciplina. Notícia disponível em: https://www2.ufmg.br/drca/drca/Home/Pos-Graduacao/Disciplina-Isolada/Disciplina-Isolada-2023-11.

Mesmo com todo o avanço tecnológico disponível, ainda não há registros institucionais sistêmicos integrados dos alunos de outras universidades que cursam as disciplinas nos mais de 200 cursos de Pós-Graduação da própria instituição. Ou seja, as inscrições desses alunos são feitas diretamente por cada PPG de maneira isolada, mantendo controles precários em planilhas ou algo parecido.

Dito de modo transparente, os mais de 120 pedidos de inscrição por parte de estudantes de Mestrado e Doutorado de outras universidades foram processados de maneira manual e isolada pelo HCTE/UFRJ, demandando um trabalho enorme da Secretaria do PPG e do professor.

Os alunos de outras universidades que se matricularam em **Escuta, curiosidade e amor** e que foram aprovados ao final da disciplina, receberam uma declaração para validarem junto aos seus PPG de origem. Entretanto, esta declaração foi emitida a partir de um trabalho hercúleo e manual da secretaria do HCTE/UFRJ, com base em uma listagem fornecida pelo docente da disciplina.

Há um aspecto ainda mais grave e preocupante para além do trabalho manual, hercúleo e pouco eficiente: o combo que engloba o desperdício e a falta do conhecimento sobre o que uma universidade pública com mais de um século de existência faz. Hoje, um ano depois, se a Reitoria da UFRJ, ou mesmo alguma de suas Pró-Reitorias, desejar analisar quantos (ou quais) alunos participaram das disciplinas de Pós-Graduação da instituição em 2022, ela "enxergará" apenas os alunos internos da própria UFRJ.

Incrivelmente, enquanto outras universidades, como a Universidade Estadual de Campinas (UNICAMP), já possuem sistemas de registro acadêmico que permitem a inscrição de alunos "externos" ou "especiais" (de outras universidades) e o registro disto no âmbito interno, na UFRJ esses alunos externos são quase invisíveis. Ou seja, institucionalmente, o PPG HCTE/UFRJ, nos sistemas de registros institucionais, teve apenas os dez alunos da própria UFRJ na disciplina que lecionei. E eu, enquanto docente, nos mesmos sistemas, trabalhei apenas para os dez alunos da própria UFRJ que se inscreveram na disciplina. Enquanto isso, todos os outros mais de 40 estudantes – de outras universidades - que foram selecionados para cursar (e efetivamente cursaram) a disciplina, dentre os mais de 120 pretendentes, foram e continuam sendo absolutamente invisíveis para a instituição. Trabalho invisível. Quase clandestino. A UFRJ não enxerga isso como uma atuação do professor e muito menos como atendimento a demandas sociais para além dos seus alunos internos.

A UFRJ não sabe quem atende, seu tamanho e seu valor quando o assunto são os estudantes de outras instituições que ela atende a cada semestre. É uma falta de conhecimento e um desperdício sem tamanho.

Felizmente, mesmo em um contexto institucional complexo, a coordenação do HCTE/UFRJ se mostrou solidária e apoiou a empreitada. No final das contas, a universidade, de modo mais amplo, fez vista grossa sobre a oferta de disciplinas de Pós-Graduação em modo remoto síncrono.

Muitas pessoas se apressam em dizer que no ensino universitário, em modo remoto, não há participação concreta, não há presença, não há envolvimento, não há troca. Isso pode se aplicar quando se leciona com o uso de métodos tradicionais ou quando o docente se aproxima de um modelo de Educação à Distância (EaD), com conteúdos pré-gravados, materiais pré-prontos e atividades pré-determinadas. Desta forma, sim, acabaria se traduzindo em uma experiência de quase EaD, que é realmente infinitamente mais pobre e limitada.

Entretanto, quando estamos discutindo o universo de disciplinas de Mestrado e Doutorado, esta não é a regra **quando o modo remoto é utilizado para lecionar em conjunto com metodologias ativas**, como as aqui narradas, e quando há um acompanhamento contínuo e minucioso dos estudantes, baseado em atividades produzidas por eles, construídas a partir dos seus interesses e curiosidades, articuladas com componentes de pesquisa, para além de encontros síncronos, online, em tempo real.

Decidir que a disciplina seria oferecida de modo remoto, online e síncrono não foi mero capricho. Ser remota ajudou no sentido de contar a riqueza de ter em uma mesma turma estudantes de todo o território nacional, oportunizando com que pessoas das mais diversas cidades de um país continental como o Brasil pudessem se engajar em uma disciplina pelo interesse na temática, e não devido apenas à proximidade geográfica. E sem custos adicionais.

Havia uma vontade imensa de potencializar a riqueza

dos encontros, colocando para construir e aprender junto, gente com localizações, áreas de conhecimentos e histórias de vida diferentes, mas com interesses temáticos que se entrecruzassem de maneira transdisciplinar. Valorização da potência da diversidade e dos encontros!

ii. Métodos ativos em uma disciplina de Pós-Graduação Stricto Sensu

Escuta, curiosidade e amor usou métodos ativos de aprendizagem, os quais buscaram colocar o interesse e a dedicação dos estudantes no centro do processo educacional. Não houve aulas expositivas. Os encontros ao vivo pela internet (remotos síncronos) eram espaços de debates, trocas, diálogos horizontais e aprendizagens coletivas. E, para que esses encontros funcionassem de maneira potente, não adiantava ficarmos **exclusivamente** debatendo textos lidos. Havia a necessidade de articular momentos de preparação fora dos horários das aulas propriamente ditas, nos quais cada estudante realizasse não apenas as leituras propostas, mas também construísse escritas, participasse da elaboração coletiva das referências da própria disciplina, criticasse propositivamente os trabalhos dos demais colegas de turma e, em especial, desenvolvesse um projeto individual ao longo do semestre.

A utilização de métodos ativos fez com que a disciplina, desde seu início, fosse "mão na massa" e desse muito mais trabalho, tanto para o professor quanto para os estudantes. Como dito acima, para além das leituras, já tradicionais em disciplinas de Mestrado e Doutorado, cada estudante teve de produzir diversas atividades ao longo do semestre e, desde o primeiro encontro, começou a construir um trabalho final individual autoral de tema livre, ligado aos seus interesses e curiosidades, com os únicos requisitos sendo:

- incluir um componente de escuta, necessitando ouvir outra(s) pessoa(s);
- ter como base uma curiosidade, uma dúvida, algo que os estudantes não soubessem e quisessem saber. Ou que soubessem pouco e quisessem saber mais, mas não no desfile de algo que já conhecessem a priori;
- ser voltado à proposição de mudanças para a construção de mundos mais amorosos.

A disciplina buscava estimular que escuta, curiosidade e amor não fossem apenas temas discutidos e debatidos a partir de textos, filmes e outros materiais, não ficassem apenas em discussões conceituais e teóricas, mas que, além disso, também fossem vividos por todos ao longo do curso, tanto nas dinâmicas propostas para os encontros ao vivo, quanto nos processos ligados à construção do trabalho final.

Portanto, não se tratava de chegar a uma resposta certa única (até porque não haveria alguma), nem de produzir algo que seria avaliado apenas por um professor. Os trabalhos eram assistidos, comentados e perguntados por todos os interessados ao longo do semestre e foram compartilhados em três momentos diferentes ao longo da disciplina, entre todos da turma. Com isso, foi potencializada a aprendizagem coletiva e buscou-se fugir de uma lógica pautada exclusivamente em um resultado para valorizar também os processos que levaram ao produto "acabado". Não importava apenas o produto pronto ao fim do curso, mas também as etapas do seu desenvolvimento. Desta forma, o próprio processo de construção do trabalho final, com suas diversas dificuldades, teve condições de ser fonte de aprendizagem coletiva.

Se, por um lado, uma disciplina com essa proposta deu muito mais trabalho para o professor e para os estudantes, por outro lado, ela colocou este trabalho pesado a serviço da curiosidade e dos interesses dos estudantes, que trabalharam mais, sim, mas em função da construção de algo que fez sentido para eles, que foi escolhido por eles, sendo de seu interesse.

A junção da oferta em modo remoto, online e síncrono, com o fato de a disciplina ser baseada em métodos ativos, fez com que aumentasse a possibilidade de trocas, encontros, pontes, potências... Expandiu a universidade pública para além de seus muros, aumentando a qualidade de sua educação com o uso de métodos ativos; colocando em diálogo e permitindo a construção conjunta entre estudantes das mais diversas regiões do Brasil e atuantes em áreas do conhecimento muito distintas.

iii. Por relações com mais amor, por favor

É importante ressaltar que este livro não busca construir generalizações ou prescrições sobre modos melhores ou piores de se construir a Pós-Graduação. A Academia é um espaço extremamente conservador, no Brasil e no mundo. Na esfera das relações interpessoais, há idolatrias, panelinhas, feudos, seguidores, vaidades, favorecimentos, violências, assédios[3,4,5], cafetinagem[6], entre tantos outros aspectos. Na dimensão da aprendizagem, é muitas vezes autocentrada e desconectada do mundo. Ainda é muito raro encontrar disciplinas ou cursos nos quais o interesse e a curiosidade dos estudantes sejam não apenas respeitados, mas principalmente colocados no centro do que é desenvolvido.

É importante reclamar e denunciar, mas não basta. Aqui, focamos no que coletivamente construímos com o intuito de elaborar alternativas, resistências, espaços de alegria e potência.

Ao mesmo tempo, é necessário alertar os leitores e leitoras: não há neste livro um "melhor jeito" de lecionar na Pós-Graduação, mas apenas experimentações, abertura

---

3   VALENTIM, I. V. L. Cafetinagem Acadêmica: Alguém tem medo de pesquisar as relações acadêmicas? Polêm!ca, v. 16, n. 3, p. 19–36, 24 ago. 2016. DOI: 10.12957/polemica.2016.25200.

4   VALENTIM, I. V. L. Between academic pimping and moral harassment in higher education: An autoethnography in a Brazilian public university. Journal of Academic Ethics, v. 16, n. 2, p. 151–171, 2018. DOI: 10.1007/s10805-018-9300-y.

5   VALENTIM, I. V. L. Entre naturalizações e desassossegos: educando para tolerar o intolerável? Revista on line de Política e Gestão Educacional, p. 265–279, 2018. DOI: 10.22633/rpge.v22.nesp1.2018.10794.

6   VALENTIM, I. V. L. Cafetinagem acadêmica, assédio moral e autoetnografia. Rio de Janeiro: Compassos Coletivos, 2022. DOI: 10.5281/zenodo.7048194.

de possibilidades. Estímulos a possibilidades de outras formas de aprendizagem em Mestrados e Doutorados de universidades públicas brasileiras. Possibilidades essas feitas à mão, de forma quase artesanal, na direção de mundos com mais escuta, mais curiosidade e mais amor.

Resistência propositiva: construir alternativas ao que está posto não é fácil

A educação universitária ainda é, muitas vezes, medieval. Tanto nos métodos quanto nas relações interpessoais.

Os métodos educacionais utilizados em boa parte das disciplinas de Mestrado e Doutorado no Brasil são baseados majoritariamente na 'transmissão' de conhecimentos e no consequente tratamento de estudantes como ignorantes, como já alertava, há décadas, Paulo Freire[7]. Estudantes ainda são tratados em muitos casos como pessoas desprovidas de conhecimentos e que estão na universidade para que os professores 'passem' conhecimento da melhor forma para eles. Esta é uma concepção muito difundida, tanto entre estudantes quanto entre professores. É preciso que estejamos atentos: os métodos diariamente utilizados nas aulas de Graduação e Pós-Graduação dizem muito a respeito das nossas concepções de mundo, de relações, de educação e de, no fim das contas, subjetividades.

---

7   FREIRE, P. Pedagogia do oprimido. Rio de Janeiro: Paz e Terra, 2002.

Reclamamos do desinteresse de estudantes na universidade, e isso em muitos casos é real. Ao mesmo tempo, também precisamos olhar para o que fazemos com o seu interesse e com a sua curiosidade. É preciso buscar compreender a nossa própria atitude e questionar nossas próprias crenças. É fundamental colocar a curiosidade e o interesse de estudantes no centro do processo educacional? Sim, mas tendo a clareza de que isso dará muito mais trabalho para todos os envolvidos.

Ensino mediado por tecnologias é comum, principalmente na modalidade EaD. Experiências baseadas em métodos ativos são mais facilmente encontradas em nível de Graduação[8]. Mas ainda há uma carência de experiências de disciplinas em nível de Pós-Graduação Stricto Sensu (Mestrado e Doutorado) lecionadas em modalidade remota síncrona e que sejam, ao mesmo tempo, baseadas integralmente em métodos ativos.

Mesmo no ensino 100% presencial, sempre existiram (e continuarão existindo) pessoas (estudantes e docentes) sem comprometimento, sem envolvimento, sem participação, sem entrega. Sempre existiram pessoas cuja presença física em sala de aula era questionável, já que estavam imersas em conversas paralelas, distrações físicas ou eletrônicas, corredores, e/ou outras atividades em nada relacionadas com o momento da aula presencial. Que tal conversarmos abertamente, então, sobre o que vivemos em sala de aula, ao invés de usarmos uma nostalgia

---

[8] VALENTIM, I. V. L.; MOREIRA, M. M.; GONÇALVES, S. de O. dos S. Metodologias ativas no ensino remoto: uma autoetnografia. Rio de Janeiro: Compassos Coletivos, 2021.

hipócrita que quer fingir como se no presencial fosse tudo maravilhoso e que, agora, o remoto é o culpado de todos os males da educação?

Vamos debater sobre como é o modo remoto que construímos na Pós-Graduação e como trabalhamos no presencial em Mestrados e Doutorados?

O que quero salientar é que, quando a nossa intenção for pensar e construir uma educação em nível de Pós-Graduação (Mestrados e Doutorados) mais centrada nos interesses dos estudantes, precisaremos nos atentar não apenas ao fato da disciplina ser presencial, híbrida ou remota, mas também aos métodos usados para lecioná-la, a forma como ela será planejada e construída, que tipo de produções serão desenvolvidas pelos estudantes no seu decorrer, que valores ela estimulará, entre outros aspectos. Algumas perguntas que podemos nos fazer neste sentido são (mas não estão limitadas a):

- → Há produções autorais dos estudantes que estão centradas no seu interesse e curiosidade?
- → As produções, trabalhos e atividades valorizam a autonomia e a criatividade dos estudantes?
- → Como são os momentos dos encontros? São usados para momentos meramente expositivos que poderiam ser feitos em outros locais?
- → Os produtos feitos pelos estudantes valorizam sua autoria, produção e construção, ou são meros repetidores de

teorias e conceitos?

→ Há um esforço no sentido de que as atividades tenham alguma conexão com os sonhos e desejos dos estudantes? E, também, com a sociedade, com o extramuros da universidade?

→ Há a busca de trabalhos que articulem vivências, experiências e, neste sentido, pesquisa-ensino-extensão?

São muitos os desafios para colocar em prática experimentações, que são urgentes e necessárias. As instituições universitárias são extremamente conservadoras porque a maioria dos seus integrantes é extremamente conservadora. Simples assim. E o conservadorismo não está nos temas ensinados ou pesquisados, mas nas atitudes do dia a dia, nas pequenas coisas jogadas para debaixo do tapete, nas hipocrisias diárias, ou seja, na forma como cada um e cada uma constrói as relações cotidianas na universidade, com todos os cruzamentos que existem entre elas: de poder, pedagógicas, de trabalho, estudo, entre tantas outras.

Construir uma educação universitária em nível de Pós-Graduação que tenha abertura para permitir a possibilidade de disciplinas remotas não é sinônimo de facilidade quando são utilizados métodos ativos e a produção de atividades autorais. Não há perda de qualidade, nem massificação. Muito pelo contrário! Há maior riqueza e qualidade, e também muito mais trabalho.

Os métodos educacionais nunca foram, não são

e nunca serão a bala de prata, a solução mágica para todos os problemas da educação. Longe disso. Entretanto, quando são utilizados métodos ativos, ensino remoto síncrono, ao vivo, com atividades baseadas nos interesses e desejos dos estudantes, a educação em nível de Pós-Graduação, pode, quem sabe, com algum otimismo, ter algum alento de esperança em construir sonhos próprios e não mais tratar estudantes de Mestrado e Doutorado como empregados não remunerados de professores e professoras ou como meros repetidores de teorias e métodos. E isso dá muito mais trabalho, tanto para estudantes quanto para professores. Ao mesmo tempo, proporciona um trabalho e uma educação com sentido, energia, compromisso social e, principalmente, alegria.

2

Englobando vozes:
como foi a experiência de participar da disciplina Escuta, Curiosidade e Amor?

Ana Paula André
Kelly Cebelia
Cláucia Faganello
Najara Escarião
Paulo de Tarso

Ainda imersos em tantas questões transpandêmicas, permanecer no espaço acadêmico tem se tornado cada vez mais árduo, questionador e excludente frente a alguns desafios que se despontam. Contudo, há de se convir que nem tudo na vida se trata de momentos amargos: alguns terão um sentido doce. Acredito que essa perspectiva acabou unindo pessoas diferentes, singulares e plurais em um espaço universitário que transgride a lógica de ensino e que objetiva construir uma educação afetiva, inclusiva e empática. Foi assim que os autores e autoras deste livro se uniram, por meio de curiosidades convertidas em disciplina acadêmica de um curso de Pós-Graduação, ao nível de mestrado e doutorado, oferecido no formato remoto para pós-graduandos de diferentes partes do país.

Embora tenha sido uma experiência inovadora e que inicialmente possa ter provocado certa estranheza em razão de sua forma metodológica, dando autonomia aos alunos e instigando-os a construir o próprio saber, o espaço tornou-se um ambiente de reflexão e autoconhecimento, troca de experiências, quebra de paradigmas e construção de amizades que perduram além da disciplina.

De início, ao ouvirmos a proposta do professor Igor Valentim, não houve como não nos questionarmos sobre: como deveríamos começar? Como essa experiência poderia acontecer? É mesmo possível isso dar certo no final?

Algo totalmente novo para a realidade acadêmica nos era apresentado, uma mistura de liberdade e ao mesmo tempo insegurança. Como esse conhecimento poderia ser construído coletivamente a partir de pensamentos e vivências tão diversas? O desafio de uma disciplina coletiva no real sentido do termo coletivo, que algo pertence a várias pessoas, onde desde a construção colaborativa das referências até a condução das aulas foi debatida de forma aberta pelo professor com todos os alunos selecionados. Esse tornou-se um ambiente de autorreflexão, no qual fomos instigados a refletir sobre nossas trajetórias individuais, coletivas e as vivências com a pós-graduação até o momento. Ao mesmo tempo em que nos questionamos sobre o espaço que desejaríamos ter e como promover a sua construção. Esse se tornou o ponto de partida. Agora já podíamos zarpar essa âncora e desbravar esse oceano!

Acreditamos que todos que aqui chegaram foram movidos pela curiosidade, aquela presente no título da disciplina e também provocadora das ações que nos movem em busca do novo. Afinal, o que seria uma disciplina que se dispõe à escuta verdadeira? Que parte das curiosidades de todas as pessoas presentes na sala (mesmo que virtual) poderiam se converter em uma aprendizagem coletiva? E o mais desafiante, como promover espaços acadêmicos e um mundo mais amoroso?

Bom, leitor, sinta-se convidado a excursionar conosco sobre essa experiência!

O percurso começou com o anúncio da disciplina, uns viram pelas redes sociais, outros receberam por e-mail, grupos de WhatsApp e, ainda, alguns foram convidados por fazerem parte do próprio programa de pós-graduação que ofereceu a disciplina. Acredito que a maioria de nós não conhecia o professor Igor Valentim, o mentor nesse processo e o idealizador da disciplina, que também pode ser chamada de "desafio".

Com muitos alunos interessados no início, alguns ficaram pelo caminho e outros, movidos por este desafio, permaneceram e juntos redimensionaram suas expectativas. A quebra do conceito de disciplina acadêmica nos permitiu a construção de novas possibilidades e também de lançar um olhar diferenciado acerca da construção do conhecimento, da escuta e do amor no âmbito educacional.

A experiência que vivenciamos colaborou para que pudéssemos trazer para a nossa prática cotidiana, tendo em vista que somos educadores, uma maior compreensão do processo educativo no que tange às questões de afetividade e no quanto podemos avançar quando somos instigados a participar de forma concreta.

Essa experiência deixou, além das aprendizagens e partilhas com todos os envolvidos, um gosto doce de saudade, de lembranças afetuosas, da construção de laços e amizades, do falar e do ouvir, mas também o desejo de continuar o percurso e de inundar outras memórias com aquilo que nos remete a uma caminhada permanente: a aprendizagem.

O grupo que vos escreve esses textos, faz parte dos selecionados que se sentiram desafiados a seguir com esse propósito mesmo depois da disciplina formal ter finalizado. Escolhemos seguir com os trabalhos construídos na disciplina para levar isso ao mundo, pois para construirmos um novo mundo, precisamos dialogar com quem busca o mesmo que nós. Este livro é um fruto desse desejo de compartilhar.

Como professores e pós-graduandos que somos, atuando nas diversas disciplinas, e em diferentes estados brasileiros, vocês poderão saborear as mais diversas proposições de trabalho, o que torna este livro uma riqueza de diversidade. Assim, de norte a sul deste imenso país chamado Brasil, vamos seguindo, felizes em saber que geograficamente até podemos estar longe, mas a sementinha da esperança nos religa e nos faz acreditar que em nossos espaços laborais somos capazes de aplicar uma educação mais afetiva e verdadeiramente efetiva, tendo um real sentido formativo.

Nesta disciplina que cursamos, muitos paradigmas relacionados à rigidez acadêmica foram superados, entretanto, a cientificidade dos conteúdos sempre se fez presente, porém, de uma maneira mais orgânica e fluida. Os conhecimentos adquiridos aqui certamente permanecerão pós-disciplina, seus aprendizados serão levados para a VIDA que não cabe no Lattes e aplicados no cotidiano da escola por meio da prática docente que cada um dos autores aqui acredita. Uma prática docente amorosa, respeitosa e educativa!

Bom, estamos felizes e emocionados em compartilhar com você todas as nossas ideias, estudos e acima de tudo afetos. Que estas palavras cheguem até você como uma bússola, para navegar no seu próprio oceano. Quem sabe acabamos nos encontrando nessa jornada. Aposto que teremos muitas curiosidades, e nos sobra muito afeto. Te esperamos lá!

Um abraço fraterno de Ana Paula, Kelly Cebelia, Cláucia Faganello, Najara Escarião e Paulo de Tarso.

3

É possível uma ciência da Administração mais amorosa?

Cláucia Piccoli Faganello

Resumo

Este trabalho foi construído a partir da proposta de responder a uma curiosidade. Essa curiosidade, sobre o campo de conhecimento em que eu estou inserida, gerou a seguinte pergunta de pesquisa: é possível uma ciência da Administração mais amorosa? A partir desse questionamento e tendo como base teórica Paulo Freire, Dassayeve Távora Lima, bell hooks e Heribaldo Maia, o presente trabalho tem como objetivo principal: identificar, a partir da escuta das pessoas que compõem esse campo, como elas entendem a ciência da Administração hoje e o que elas acreditam que pode mudar para ela ser mais amorosa e acolhedora. Para tal, foi realizado um estudo de caso, tendo como instrumento de coleta de dados (escuta) um grupo focal, junto ao uso de uma ferramenta em que os participantes podiam colocar observações não identificadas num quadro online. Como recorte, foram convidados alunos de mestrado e doutorado de Administração de um Programa de Pós-graduação em Administração de uma universidade comunitária. A partir da escuta realizada, é possível depreender que a Administração pode ser uma ciência mais amorosa, mas isso depende de nós próprios, das estruturas estarem abertas a escutar o que os alunos têm a dizer e de se proporem a pensar uma pós-graduação diferente da que temos hoje.

Introdução

A Administração como ciência é um espaço controverso. As pessoas costumam escolher esse curso de graduação quando não sabem muito bem que curso desejam fazer. São poucas as pessoas que vão para a Administração porque desejavam ser administradores. A pós-graduação é um pouco diferente, pois além dos graduados em Administração, encontramos também alunos oriundos de outros cursos que buscam um mestrado ou doutorado, tornando o ambiente muito mais diverso e rico. Mesmo assim, nota-se uma insatisfação por parte dos pós-graduandos que encontram dificuldades para realizar e concluir seus estudos.

Os relatos são os mais diversos: desde falta de condições econômicas para se manter na pós-graduação num país tão desigual, até falta de conhecimento de como construir uma pesquisa, escrever uma dissertação ou tese. Porém, o que menos escutamos é como a experiência da pós-graduação é legal, gratificante e agrega para as pessoas. Isso só costumamos ouvir depois da conclusão, daqueles que vencem todas as barreiras e costumam dizer que a pós-graduação é difícil, mas, no final, vale a pena.

Essa problemática gerou a curiosidade de compreender: é possível uma ciência da Administração mais amorosa? A partir dessa pergunta e com um enfoque em metodologias narrativas, foi proposto um trabalho com o objetivo de identificar, a partir da escuta das pessoas que compõem o campo de formação científica da Administração, como elas entendem a ciência da Administração hoje e o que elas acreditam que pode mudar para ela ser mais amorosa e acolhedora.

Com base na discussão, este trabalho se estrutura a partir de um processo indutivo, interativo e recorrente visando entender o fenômeno da ciência da pós-graduação em Administração através de um estudo qualitativo, desenhado na forma de estudo de caso, tendo como técnica de coleta de dados narrativa a realização de um grupo focal, que oportunizou a escuta de cinco estudantes de pós-graduação em Administração de um Programa de pós-graduação em uma Universidade comunitária do Rio Grande do Sul (RS), sendo quatro alunos de doutorado e um de mestrado.

Base teórica inspiradora

O questionamento que norteou esse trabalho surge das inquietações de leituras realizadas sobre neoliberalismo, produção de conhecimento, crença no conhecimento como ferramenta transformadora e na educação como um caminho que ainda apresenta movimentos que questionam a lógica estrutural dada como hegemônica.

Para pensar a produção de conhecimento de forma mais amorosa, tem-se que compreender que existem estruturas que agem sobre o sistema de produção de conhecimento e sobre a Universidade, tornando esse processo mais desafiador.

Partindo da maior estrutura, temos que pensar que o sistema econômico e político neoliberal é considerado hegemônico no mundo, sendo definido como:

> o princípio teórico e o doxa de uma nova forma de ação do Estado, que se orienta não apenas para a manutenção da ordem pública sobre um território e para a unificação de um mercado nacional, mas também para a construção de um mercado mundial e a participação ativa na concorrência que ele impõe[1].

Entende-se então, o neoliberalismo como uma nova forma de ação do Estado que influencia a dinâmica de funcionamento de todas as esferas da vida social, sendo: "um modo de produção de subjetividades, governamentalidade dos corpos e de gestão do sofrimento psíquico, para além de um modo puramente econômico"[2]. Indo além, o neoliberalismo alça o papel de um poder simbólico, como descrito por Bourdieu como um: "poder quase mágico que permite obter o equivalente daquilo que é obtido pela força (física ou econômica), graças ao efeito específico de mobilização"[3]. Esse poder se apresenta sobre as formas das "estruturas estruturantes", que constroem o mundo objetivo, afetando as "estruturas estruturadas" que agem como linguagem, cultura, discursos e condutas e se apresentam através de "instrumentos de dominação" que determinam como a divisão o trabalho físico e ideológica irá ocorrer[4].

---

1   LAVAL, C. Foucault, Bourdieu e a questão neoliberal. São Paulo: Elefante, 2020.

2   LIMA, D. T. Prefácio. In: Neoliberalismo e sofrimento psíquico: o mal-estar nas universidades. Recife: Ruptura, 2022, p. 9.

3   BOURDIEU, P. O poder simbólico. 7. ed. Rio de Janeiro: Bertrand Brasil, 2007, p. 14.

4   Idem, p. 16.

A partir dessa compreensão, cabe "o entendimento de como a lógica neoliberal colonizou e modificou radicalmente não só as universidades e demais espaços acadêmicos, mas, também, a própria experiência de formação"[5]. Hoje a forma como se produz conhecimento está imbricada nos preceitos e nas crenças neoliberais. Portanto, o fazer diferente necessita, também, romper com o posto como hegemônico e dominante, no qual a meritocracia se coloca como se fosse o único elemento que garante o sucesso ou o fracasso de um estudante de pós-graduação[6].

Nessa linha bell hooks traz elementos importantes para o pensar o problema de forma construtiva, pois diz que:

> Quando apontamos o problema, quando expressamos nossa queixa sem foco construtivo na resolução, afastamos a esperança. Dessa maneira, a crítica pode se tornar só uma expressão de profundo cinismo, que acaba servindo de apoio a cultura dominante[7].

Assim, partindo de uma pedagogia inspirada em Paulo Freire, bell hooks propõe que o ensino, a produção de conhecimento seja sempre transgressora ao nosso tempo, tendo a capacidade de desafiar a lógica existente de forma a criar uma resistência:

> essa capacidade de começar sempre, de fazer, de reconstruir, de não se entregar, de recusar burocratizar-

---

[5] LIMA, D. T. Prefácio. In: Neoliberalismo e sofrimento psíquico: o mal-estar nas universidades. Recife: Ruptura, 2022, p. 11.

[6] LUIZA D', A.; VIANA, Á.; PACIFICO DA SILVA, H. Meritocracia neoliberal e capitalismo financeiro: implicações para a proteção social e a saúde. Ciência & Saúde Coletiva, p. 2107–2117, 2017.

[7] HOOKS, bell. Ensinando comunidade: uma pedagogia da esperança. Rio de Janeiro: Elefante, 2021, p. 27.

se mentalmente, de entender e de viver a vida como processo, como vir-a-ser, é algo, que sempre me acompanhou ao longo dos anos[8].

É nesse espaço de resistência, de recusa constante que surge a proposta de ambientes mais amorosos, saudáveis e adequados para uma produção de conhecimento que não seja um moedor de pessoas, mas seja um construtor de pessoas que conhecem e transformam a forma de operar do sistema acadêmico. Isso não é algo comum e nem fácil:

> A primeira vez que declarei o desejo de trabalhar num ambiente de trabalho amoroso, meus amigos agiram como se eu estivesse louca. No entanto, eu estava convencida de que trabalharia melhor em um ambiente moldado por uma ética amorosa[9].

Normalmente quando as pessoas falam em trabalhar de forma amorosa, isso não é levado a sério ou mesmo é tratado como se não fosse um comportamento profissional. Todo o discurso que se costuma ouvir de buscar trabalhar com algo que se goste, pois trabalhará com isso o resto de sua vida, perde valor perante o profissionalismo e o discurso meritocrático. Ousar buscar outra forma é um desafio proposto por bell hooks, que nos chama a refletir sobre como queremos produzir cientificamente e como queremos viver: "abraçar a ética amorosa significa inserir todas as dimensões do amor - 'cuidado, compromisso, confiança, responsabilidade, respeito e conhecimento"[10]. Coloca ainda que:

> O compromisso com uma ética amorosa transforma

---
8   FREIRE, P. Educação na cidade. 2a ed. São Paulo: Cortez, 1995, p. 103.
9   HOOKS, bell. Tudo sobre o amor: novas perspectivas. Rio de Janeiro: Elefante, 2020, p. 86.
10   Idem, p. 15.

nossa vida ao nos oferecer um conjunto diferente de valores pelos quais viver. Em grande e em pequena escalas, fizemos escolhas baseadas na crença de que a honestidade, a franqueza e a integridade pessoal precisam ser expressas nas decisões públicas e privadas[11].

Aqui está uma chave a ser virada, pois a autora nos traz que mesmo num sistema que estrutura nossa ação para a competição e para o distanciamento das questões que afetam, a escolha do compromisso com a ética amorosa pode transformar as escolhas realizadas e a forma como isso se expressa no âmbito público e privado, tanto do nosso fazer produtivo, como pela forma que escolhemos nos colocar nos espaços e no mundo.

Caminho metodológico

A proposta deste trabalho é partir de uma abordagem de pesquisa qualitativa narrativa, de tradição interacionista que valoriza a subjetividade, abrangendo uma pluralidade de visões e concepções sobre o objeto pesquisado.

A escolha do grupo focal ocorreu porque buscou-se um espaço seguro de escuta, mas com interação entre os participantes. O grupo focal foi realizado pela plataforma Zoom, gravado e transcrito para posterior análise. Durante o grupo focal também foi disponibilizado um Jamboard com participação anônima, onde os participantes poderiam colocar insights, questões que não desejavam falar abertamente ao grupo, inquietações e outros tópicos

---

[11] Idem, p. 105.

escritos sobre cada uma das perguntas que nortearam a pesquisa.

- As perguntas norteadoras de grupo focal foram:
- Como você se sente sobre o ensino e pesquisa em Administração hoje?
- Em quais pontos que a academia na área de Administração pode melhorar?
- Quais ações poder ter para uma Administração mais amorosa?

A partir das falas escutadas e das relações construídas e estabelecidas no espaço seguro criado, as análises abaixo foram tecidas.

Análise e discussão dos resultados

Na primeira pergunta realizada: "Como você se sente sobre o ensino e pesquisa em Administração hoje?" podemos destacar algumas falas que trazem pontos importantes para o propósito deste capítulo:

> *Eu acho que tem linhas de pesquisas e a gente pode concordar ou não. Mas assim, às vezes a gente fica um pouco no funil dentro da academia,* **com pouca liberdade, e dependendo, às vezes, tem muita liberdade.** *Então vai dependendo muito, assim, do perfil e também da relação com o professor. Eu acho que* **essa relação, ela permeia esse campo de poder que existe dentro da universidade.** *[...] Acho que tem que ser esse espaço plural de debate, de diálogo, de colocar, tem que ser. A gente tem que se expor também, não pode querer aceitar tudo (participante 5).*

Nesse recorte, o participante 5 do grupo focal traz

que a questão da liberdade é importante, pois no meio acadêmico às vezes há muita liberdade e em outras pouca liberdade, deixando o aluno um pouco sem saber o que pode fazer e o que não pode fazer. Isso se complementa pela questão do campo de poder que existe dentro da Universidade, onde quem tem muito poder acaba por impor a forma como as coisas devem acontecer.

> Acho que é um campo bem diverso, mas **eu não sinto que a gente fala em ensino**, eu não sinto tanta diversidade assim. No ensino, acho que ultimamente tem muitas limitações. Isso se dá muito pela falta de mais professores no programa. **Está com poucos professores no programa, com poucas áreas de conhecimento. Isso acaba limitando também a nossa pesquisa.** Eu vou fazer um link com a pesquisa porque faz com que a gente acabe tendo, muitas vezes, **que se alinhar com as linhas de pesquisa dos professores, sem prevalecer, muitas vezes, a nossa vontade, quando pesquisadores de coisas que a gente gostaria de pesquisar**, por vontade própria ou por interesse ou por experiência, seja o que for. **E a gente acaba tendo que ir para campos que muitas vezes não são tão interessantes** (participante 2).

O participante 2 coloca que se fala pouco de ensino no programa de pós-graduação, muito disso porque tem poucos professores no programa, o que limita as áreas de conhecimento. Isso faz com que o aluno tenha que se submeter às linhas de pesquisa dos professores, desconsiderando nesse caso o que ele realmente deseja estudar. Uma frase que chama atenção é que isso faz com que o aluno acabe "tendo que ir para campos que muitas vezes não são tão interessantes", tirando o brilho da pesquisa, o desejo do aluno e a curiosidade por aprender e pesquisar algo que realmente faça sentido para ele.

Relacionado com a ética amorosa trazida por bell hooks[12], o aluno dentro de uma estrutura de um programa fica muitas vezes restrito a aquilo que é possível de ser feito.

> Me incomoda muito essa **pressão por publicação. Publicar por publicar**, muitas vezes coisas que, na minha opinião, não agregam valor nenhum, **só agrega um valor para o programa**. [...] E assim, quando tu vai olhar produções sobre muita coisa, que não estão pensando na administração, que eu acho que é algo que é muito alinhado com a sociedade e alinhado com o campo profissional, não vejo que as pesquisas estejam alinhadas com a sociedade, como um profissional. **Pouquíssimas pesquisas, na minha opinião, acabam agregando esse valor**. Então são as coisas que me incomodam. Assim, quanto ao ensino, vejo que tem professores menos e mais preparados [...] eu acho que tem resumir assim as minhas percepções e as minhas foram muito mais negativas (participante 2).

O mesmo participante traz alguns incômodos, principalmente com a pressão por publicação, algo muito comentado por alunos de pós-graduação e também por acadêmicos e que se relaciona ao sistema meritocrático imposto pelo neoliberalismo que faz com que todos sejam avaliados pela produtividade[13]. Também ressalta a questão do produzir por produzir, ou como comumente é falado no meio acadêmico "produzir ou perecer" (autor desconhecido), algo muito ligado à "lógica quantitativa dos desempenhos"[14]:

> A questão é saber o que quer dizer "cultura do resultado"

---

12   HOOKS, bell. Tudo sobre o amor: novas perspectivas. Rio de Janeiro: Elefante, 2020.
13   LUIZA D', A.; VIANA, Á.; PACIFICO DA SILVA, H. Meritocracia neoliberal e capitalismo financeiro: implicações para a proteção social e a saúde. Ciência & Saúde Coletiva, p. 2107–2117, 2017.
14   DARDOT, P.; LAVAL, C. A nova razão do mundo: ensaio sobre a sociedade neoliberal. 1. ed. São Paulo: Boitempo, 2016, p. 313.

na justiça, na medicina, na cultura ou na educação, e sobre quais valores podemos julgá-lo. Na verdade o ato de julgamento, que depende de critérios éticos e políticos, é substituído por uma medida de eficiência que se supõe ideologicamente neutra[15].

Nessa suposta neutralidade, a ética da produção do indivíduo muitas vezes é desconsiderada, assim como trazido pelo participante 2, também é perdido alinhamento e a relevância para a sociedade daquilo que é produzido.

> *Olhando assim uma coisa positiva do campo, da administração, é que a gente tem muitas possibilidades. Ter um campo super aberto, super rico, isso dá vontade de fazer muita coisa. Realmente, começa a ler, estudar, a gente quer fazer de tudo, porque tudo fica legal. Enfim, a gente consegue conectar, está ligado. E quanto mais complexos os problemas, mais multidisciplinares eles são. No entanto, assim, a gente precisa de outras áreas para conseguir resolver um problema. E desse ponto positivo é que vem assim um pouco como eu me sinto, que é um pouco de **frustração por não conseguir dar conta de estudar tudo**. E talvez isso tenha a ver com o modelo ainda como é a academia. [...] **É uma coisa muito fechada, que não dialoga com a nossa realidade hoje, onde a maioria trabalha. A maioria tem várias outras tarefas porque tem que se virar.** [...] Então, nesse sentido, é um pouco frustrante, porque **a gente quer fazer pesquisa, quer se aprofundar nisso**. Eu estou muito apaixonada para administração, mas parece que a gente não consegue encaixar, **a gente que tem que se adequar ao modelo e não um modelo que se adequa**. Isso cada vez mais vai distanciando (participante 1).*

Nessa linha, a participante 1 traz que tem uma certa frustração, por não dar conta de tudo, querer se aprofundar e não ter tempo, pois a maioria dos estudantes são também trabalhadores e acabam tendo um tempo restrito para se

---

[15] Idem.

dedicar à pós-graduação. Ressalta também a academia como um espaço muito fechado que não dialoga com a realidade dos alunos, isso é muito visto pelos relatos das disciplinas serem oferecidas no turno da tarde, no qual os alunos comumente trabalham, considerando que a maioria dos alunos são vinculados a empresas que usualmente tem seus turnos das 9h às 18h, com pequenas variações, fazendo com que o aluno tenha que se adequar a estrutura ou modelo do programa.

Ainda em relação à primeira pergunta, os alunos colocaram o Jamboard os seguintes cards:

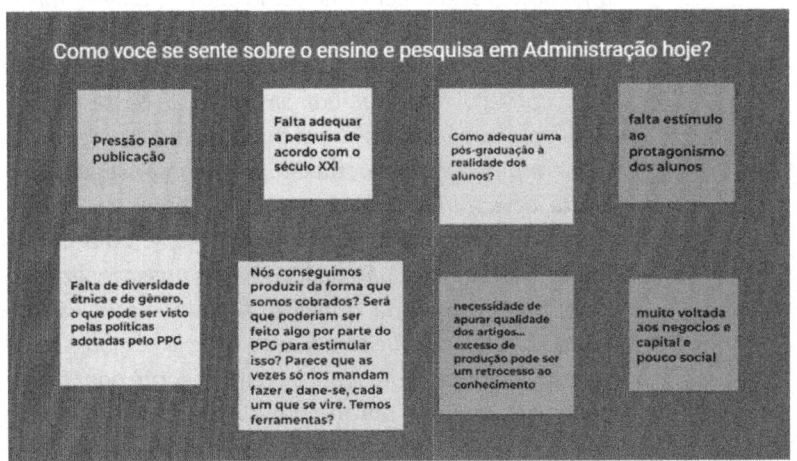

Alguns pontos se repetiram com aqueles que já foram destacados das falas, tais como a pressão por publicação, a necessidade de adequar a pós-graduação a realidades dos alunos e a questão da produtividade, como a necessidade de se verificar qual a qualidade do material que está sendo produzido pelos alunos e se isso não gera um retrocesso na produção de conhecimento.

Além desses, surgiram pontos novos como: a falta de diversidade étnica e de gênero, o programa de Administração ser "*muito voltado aos negócios e capital e pouco ao social*" (Jamboard, entrevistado não identificado), a "*falta de estímulo ao protagonismo dos alunos*" (Jamboard, entrevistado não identificado) e a necessidade de adequar as pesquisas realizadas a atualidade.

A segunda pergunta realizada para o grupo focal foi "Em quais pontos que a academia na área da Administração pode melhorar?". Chamam atenção algumas falas que trazem pontos importantes para a reflexão aqui proposta. A primeira fala foi: "*É uma terapia gratuita, que tu nos proporcionou*". (participante 2). Esse ponto já destaca a falta de espaços de escuta segura que os acadêmicos da Administração possuem. A vida acadêmica na pós-graduação, apesar de organizada em turmas, findadas as disciplinas, se torna um percurso solitário. Outra fala coloca:

> *A gente é muito voltado à área de negócios e quando tenta fugir, assim, do modelo que já está desenhado, a gente tem pouco mais dificuldade. [...]* **Para quem busca outros campos, outro campo mais crítico, a gente tem dificuldade e se torna um campo muito solitário.** *É uma pesquisa, mas a gente se sente assim sozinho um pouco fora. [...] Então, isso é uma coisa que* **a gente precisa de mais orientação, e essas, nem sempre se consegue.** *Então eu acho que tem um modelo. Já dentro do protejo* **existe um modelo e quem foge desse modelo acaba tendo muito mais dificuldade para fazer a sua pesquisa.** *Consequentemente acaba tendo que andar sozinho. Então se sente um pouco mais desamparados, sente mais dificuldade, a falta até de uma disciplina mais específica, que tenta buscar em outros programas*

(participante 5).

Desta fala do participante 5, surgem vários elementos importantes para pensarmos como a ciência da Administração pode melhorar. Nota-se que quanto mais ousado o aluno for, trazendo a interface com outros campos de conhecimento, menos ele se encaixa no modelo hegemônico de pós-graduação, tendo sua trajetória dificultada por ausência de orientações, essas que "*nem sempre se consegue*" (participante 5). Isso faz pensar o quanto a área que, nos discursos, tanto busca a inovação, está realmente aberta a trabalhar com temas que fogem do conhecimento que os docentes têm domínio e busca agregar novos conhecimentos interdisciplinares ou transdisciplinares aos estudos produzidos. Isso vem alinhado com a fala do participante 3 que coloca que:

> *Uma coisa que seria importante são* **ferramentas para que a gente chegue lá.** *Querem que a gente produza muitos artigos, entende?* **Mas que ferramentas que a gente tem para fazer isso?** *Que tipo de suporte têm para fazer, isso? Eles têm ajuda, a gente não tem, então penso assim, por exemplo, com ferramentas de pesquisa. Eu sei que tem lá no laboratório de informática, mas estão defasadas. [...]* **Pesquisa qualitativa tem dificuldade na transcrição.** *Ah, isso tem algum software, algum apoio para a transcrição para que os trabalhos sejam mais rápidos? [...] Fazer pesquisa assim?* **A universidade quer esta produção** *e os trabalhos precisam disso. Eu acho que* **ter ferramentas para auxiliar os alunos a fazer o que é proposto é uma coisa importante** (participante 3).

Com a falta de abertura para estudos que desafiem os conhecimentos já estabelecidos, temos a falta de condições adequadas para a produção, como bem ressaltado acima, hoje a infinidade de ferramentas disponíveis para fazer pesquisa precisam estar ao alcance dos estudantes, não dá para ignorar que elas existem e tornam o trabalho mais simples, rápido e prazeroso. Nesse ponto também é trazida demanda por produção de artigos, pelo programa e pela universidade, porém com poucas orientações e sem ferramentas adequadas, fica muito mais difícil aos alunos o comprimento do que é requerido. Como resultado:

> A gente acaba **se limitando a muitas leituras de artigos, mas aprofundando muito pouco na teoria,** na discussão teórica e depois a gente é cobrado lá na hora de elaborar o trabalho. Eu acho que isso que a gente tem que resgatar, ir um pouco mais dentro dos estudos. **Uma discussão mais raiz, mais aprofundada, porque eu acho que a leitura do artigo não te dá isso, ela não te dá esse aprofundamento** que isso vai ter lá na sociologia. Isto vai ter nesses outros campos da filosofia. **A administração, está tirando um pouco dessa discussão mais de base** (participante 5).

As aulas acabam baseadas, em sua maioria, na leitura de artigos científicos, porém mesmo esses com pouco aprofundamento teórico. Como contrassenso a isso, esse aprofundamento teórico aparece como uma cobrança posterior nos projetos e trabalhos, deixando os alunos um pouco desamparados nesse sentido. Outro ponto trazido é que a Administração tem pouca discussão de base, trabalha pouco com teorias. Esse ponto reaparece no Jamboard na sequência.

> Tem dificuldade de escrita, tem dificuldades de tradução. **Olhar as necessidades que os alunos têm e proporcionar coisas extracurriculares,** fora ou que tenha na universidade ou pensado pelos próprios alunos. Não sei. **Parece uma coisa muito rígida o que a gente**

tem ali (participante 1).

> E também estão na permanência de pessoas que têm dificuldades. Sei que hoje em dia **não tem cotas necessariamente nesse sentido, mas se fosse ter, pensar na diversidade**. Como eu falei anteriormente, **ter coisas para que o aluno consiga viver, estudar.** [...] Enfim, **acho que não tem condições de manutenção**. São as pessoas que têm mais dificuldade em questão de renda mesmo, especificamente, então acho que é isso (participante 4).

Por fim, é trazida a ausência de cotas na pós-graduação em Administração, revertendo em pouca diversidade. Mesmo assim, é destacada a ausência de condições para que o aluno consiga viver e estudar durante a pós-graduação, a ausência de condições dignas de manutenção dentro da universidade.

Ainda em relação à segunda pergunta, os alunos colocaram no Jamboard os seguintes cards:

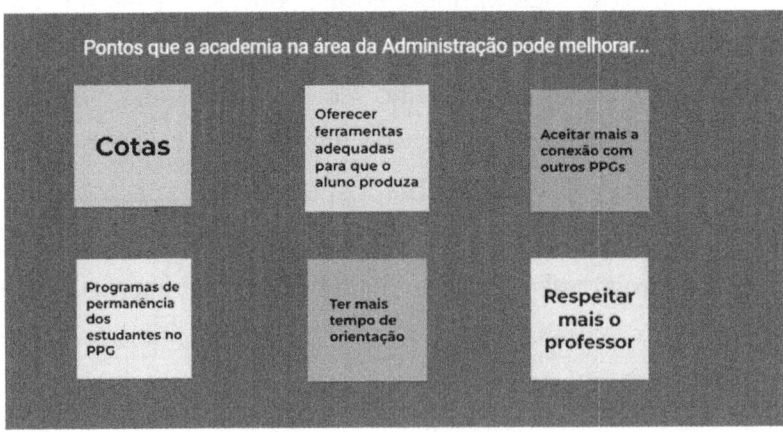

Os pontos que apareceram sem identificação remetem aos pontos já citados anteriormente na análise das participações no grupo focal, nesse ponto, só reiterando a importância de uma maior abertura do campo da Administração para outras áreas, proporcionando maior conexão com outros PPGs e a necessidade de maior tempo de orientação, algo recorrente nas falas dos alunos.

A última pergunta realizada no grupo focal foi: "Quais ações podemos ter para uma Administração mais amorosa?". Aqui, visando uma mudança, podemos destacar:

> Eu acho que a gente tem que começar de dentro de casa e aí eu vou ter que puxar saco da minha orientadora, contar para vocês que ela fez na nossa festa de final de ano. [...] Além de nos receber na casa dela, ela fez um saquinho e cada um ia tirando algo de dentro, uma borracha lá, uma bala e tudo tinha uma conotação. **Era um kit de sobrevivência do doutorado.** Então, foi escrevendo esta história de **apagar os momentos mais desagradáveis, escrever e, ainda, a bala para adoçar.** Uma coisa bem água com açúcar, mas tão afetiva, tão calorosa. **Então tu te conecta com esse tipo de atitude e vai levando adiante uma qualidade.** Vai levando adiante uma maneira de ser, uma maneira de fazer que preza pelo acolhimento, que preza pelo feedback positivo e ao mesmo tempo simples, no sentido de oportunizar o desenvolvimento propriamente então. Eu acho que é isso que a gente tem que levar adiante (participante 3).

Desta primeira fala já notamos que o acolhimento faz uma diferença muito grande para os alunos, assim como a lidar com os problemas, pois essas pequenas ações já são elementos determinantes para seguir a pós-graduação com qualidade. Isso se alia à seguinte fala: "*Equilíbrio, equilíbrio entre rigor, reconhecimento, cobrança, para que venha de uma forma mais amorosa, mais construtiva, propriamente dita*" (participante 2). A busca pelo equilíbrio na pós-graduação em Administração precisa ultrapassar as ações individuais e passar a ser um cuidado do programa com todos. Um participante traz um elemento importante:

> Tornar esse ambiente mais amoroso eu acho que depende de nós também. Então, vou puxar agora para o nosso lado. Assim a gente reclama, porque falta isso, falta aquilo, falta workshop, falta debater, falta pegar as dificuldades, só que **a gente pode fazer isso, afinal de contas a gente está cursando o doutorado, o mestrado, a gente tem uma bagagem e a gente pode entre nós nos ajudar** (participante 1).

Aqui, essa meia culpa do participante traz um alerta, os alunos também podem fazer movimentos favoráveis, como esse próprio trabalho, que realizou um grupo focal relatado anteriormente como uma sessão de terapia coletiva. Assim, as ações podem partir tanto dos alunos quanto dos programas para a busca de uma ciência da Administração mais amorosa, porém, só resgatando aqui pontos já abordados antes, que trazem em diversos momentos os alunos com poucas condições de manutenção no programa e com pouco tempo disponível para pensar essas ações. Outro ponto aqui importante pode ser a questão do indivíduo solitário, pois quando os estudantes andam sozinhos, acabam por desconhecer as necessidades e dificuldades dos colegas. Ainda:

> **A gente vai encontrar na universidade o que a gente tem na vida.** Então, essas questões de relação permeiam o que a gente encontra dentro da universidade, e eu já tive assim, momentos em que eu me senti um pouco acolhida, em outros momentos, muito acolhida. Então, eu tive uma **experiência muito positiva com os meus colegas**, como com todos vocês que estão aqui. E fui

muito ajudada, assim como também pude ajudar. ***E eu acho que esse ambiente de troca é essencial para o saber*** *(participante 4).*

Importante essa última fala, pois ela responde à fala do participante anterior ao colocar em destaque o papel dos colegas como fundamental para a consecução dos trabalhos da pós-graduação. Isso é muito o reflexo da sociedade em que vivemos, como também apontado, pois as estruturas costumam não acolher, enquanto as pessoas acolhem umas às outras nos mais diversos momentos.

Sobre essa terceira pergunta, os discentes participantes colocaram no Jamboard os seguintes cards:

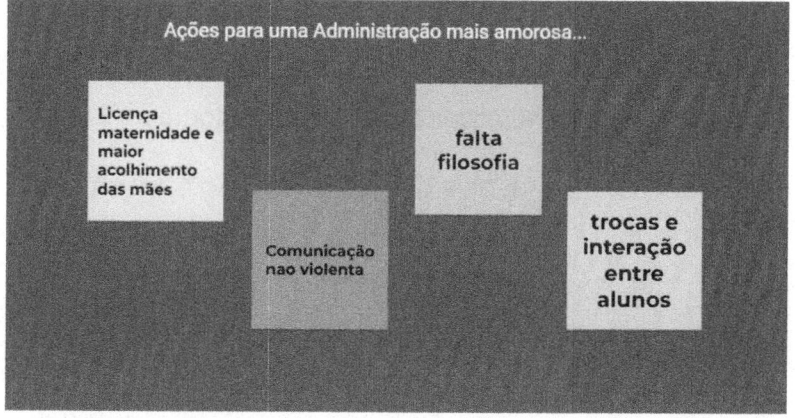

Desses cards, podemos destacar alguns pontos delicados que perpassam o programa, mas que não apareceram em falas abertas durante o grupo focal, tal como a licença maternidade, já reconhecida pela Coordenação de Aperfeiçoamento de Pessoal de Nível Superior (Capes), mas ainda não aplicada no programa, e a necessidade de um maior acolhimento às mulheres mães que estão na pós-graduação. Também apareceu o termo comunicação não violenta, o que indica que a comunicação na Administração precisa ser repensada, revista para um modelo mais amoroso. Por fim, além do destaque para trocas e interações entre alunos, já abordado, aparece um card com o termo "falta filosofia", o que aqui pode ser relacionada ao ponto que apareceu anteriormente da falta de aprofundamento teórico por parte das leituras requeridas nas disciplinas.

Como análise ampla do grupo focal, uma das limitações encontradas foi que pequenas iniciativas podem tornar a produção do conhecimento mais leve, menos danosa do ponto de visto do indivíduo que está ocupando esse lugar espaço no momento, porém não tem a capacidade de mudar a estrutura neoliberal que se coloca como a forma contemporânea de organização da vida, ou seja, "uma mercantilização generalizada das relações sociais"[16].

Pensar uma ciência da Administração mais amorosa demanda que a ciência dialogue com a sociedade, para que as mudanças consigam alterar o sistema educacional atual, desenhado e alinhado às propostas neoliberalizantes instauradas no Brasil a partir de meados dos anos 90 e que mudaram a estrutura da Administração Pública brasileira, trazendo pressupostos do New Public Management[17,18,19] para a forma de pensar, gerar e regular a educação no Brasil.

---

16 DARDOT, P.; LAVAL, C. A nova razão do mundo: ensaio sobre a sociedade neoliberal. 1. ed. São Paulo: Boitempo, 2016, p. 23.

17 DASSO JÚNIOR, A. É. Reforma do Estado com participação cidadã? Déficit democrático das Agências Regulatórias Brasileiras. [s.l.] Universidade Federal de Santa Catarina, 2006.

18 FAGANELLO, C. P. Balanço do gerencialismo: análise da influência do modelo de administração pública gerencial no período de 1995 a 2017 no Brasil. [s.l.] Universidade Federal do Rio Grande do Sul, 2017.

19 PAULA, A. P. P. DE. Administração pública brasileira entre o gerencialismo e a gestão social. RAE-revista de administração de empresas, v. 45, n. 1, p. 36–49, 2005.

Isso não desconsidera todo o esforço de pensar espaços diferenciados, como proposto por bell hooks na sua trajetória profissional. Estar submetido a um sistema que nos faz reféns de um modo de produção capitalista que desconsidera as subjetividades que o desafiam, não tira o valor das iniciativas e das condutas éticas amorosas dos pesquisadores, estudantes e acadêmicos em geral.

O presente estudo mostrou que os acadêmicos da pós-graduação demandam e necessitam de espaços mais amorosos, de trocas, de condições adequadas para chegarem ao final de suas trajetórias. Cobranças excessivas e ausência de ensinar o caminho se apresentam como fatores desconcertantes e de mal-estar entre os participantes. Além disso, o trabalho também mostrou haver uma clareza, por parte dos acadêmicos, de que eles também podem agir, porém, mais como uma possibilidade do que como algo que se traduz em ações concretas. Isso pode ser compreendido como um discurso existente, mas que não se transforma numa prática, muito devido a como toda a estrutura acadêmica se coloca e se reproduz dentro da lógica neoliberal.

Considerações Finais

Este texto não se propõe a apresentar soluções, até porque se sabe o alcance de um trabalho acadêmico para gerar transformação social, porém se propõe a elucidar e compreender, dentro do recorte realizado, como que um programa de pós-graduação em Administração pode contribuir para uma ciência da Administração mais amorosa.

A partir dos relatos analisados percebe-se a necessidade de mais espaços seguros de escuta dentro da academia, pois a partir da escuta que não visa julgar, expor ou ignorar o que está sendo dito, inicia-se um processo de mudança na compreensão do espaço que está sendo ocupado e quebra-se com a ideia de que o percurso acadêmico na pós-graduação tem que ser trilhado sozinho, portanto, o sofrimento também é algo individual.

Ainda, pretende-se contribuir para que alguns problemas recorrentes, como falta de orientação, ausência de suporte para permanência e desconhecimento de ferramentas adequadas de pesquisa possam ser supridos pelos programas que optarem por refletir sobre os problemas que acometem seus alunos.

Políticas institucionais também precisam ser revistas, como o caso do maior acolhimento das mães e da provisão de licença maternidade, algo que já possui regulamentação do âmbito da Coordenação de Aperfeiçoamento de Pessoal de Nível Superior (Capes), mas que ainda fica a critério do programa a chancela de conceder ou não. Outro exemplo se refere às cotas na pós-graduação, algo que foi destacado pela própria ausência de pessoas negras nos integrantes do grupo focal e também no programa analisado. Ainda, importante colocar a questão da pressão por publicação, que apareceu como um "produzir para quê?", que muitas vezes perde o sentido para o aluno que está realizando a pesquisa, considerando que a publicação é marcada como o sucesso ou fracasso do trabalho realizado ao invés da finalidade da pesquisa ser o que se traduz em real sentido.

Por fim, este texto se coloca como algo que pretende desacomodar, para a partir dos pontos levantados e apresentados, despertar o interesse sobre a produção de conhecimento hoje na Administração, mas que também pode ser replicado em outras áreas, para incentivar mais espaços de escuta segura, reflexão e produção de conhecimentos que sejam desafiadores aos modelos postos e naturalizados na academia brasileira.

4

Amora curiosa:
Buscando novas formas de ensinar e aprender

Kelly Cebelia das Chagas do Amaral

Resumo

Este capítulo tem a intenção de apresentar a possibilidade de quebrar paradigmas diante do sistema cerceador de ensino tradicional. Da educação infantil ao ensino superior é possível inserir e experimentar novas maneiras de ensinar. Acreditamos que a curiosidade é um elemento primordial para o ato de aprender. Muito intrigada com a "falta de amor" e empatia vivenciada em anos de docência escolar, esta autora, em um dia nublado entre suas divagações, se viu surpreendida com a aparição mágica de sua criança interna materializada na arte de amigurumi, que de forma amorosa a impulsionou a pesquisar escolas que desenvolvessem formas diferenciadas de ensino. Para isso, Amora, que, em sua versão adulta, é professora de Educação Física e não abre mão de sua bola colorida, equipou sua mochila de coragem, alegria, disposição, livros, teorias e disciplina e saiu em busca de uma escola que trabalhasse com a abordagem da Pedagogia Waldorf, por essa ser uma rede mundialmente conhecida por suas características de trabalho diferenciado e estruturado. Elegemos a escola de educação infantil Jardim Florescer, localizada na cidade de Londrina - PR, onde a partir de uma escuta atentiva, conversamos com sua gestora sobre: os elementos propulsores para a criação da instituição, percepções de aprendizagem, desafios e conquistas nesta trajetória inicial, visto que a escola tem apenas 5 anos de funcionamento. Assim, nesta primeira escola pesquisada, os olhos de Amora já tinham um brilho diferente, pois foi percebido que a mudança de metodologia é possível e pode gerar resultados satisfatórios com uma formação mais orgânica, suave, saudável, e também eficiente. Para além disso, durante o trajeto, Amora, percebeu que não é a única que sentia falta de amor, escuta e curiosidade no chão da escola. No mundo todo já existe uma corrente de professores, filósofos e estudiosos que têm pregado sobre a necessidade de mudanças e adaptações que propiciem novas forma de ensinar e aprender.

Palavras-chave: Paradigmas; Escola Waldorf; Curiosidade

O começo...
Quando Amora encontrou a curiosidade...

Amora, todos poderiam dizer que seria o nome de uma fruta, mas, sinto dizer que, a quebra de paradigmas aqui, neste caso, já começou... Por que ao ler a palavra Amora nossa mente treinada nos leva primeiramente para a denominação de espécie frutífera? Amora também poderia ser a palavra aroma, se escrita de trás para frente, ou quiçá onde a letra "A" mora, ou também, o feminino da palavra Amor. No nosso caso, Amora tem o intuito de nos lembrar, sim, da palavra amor, e ela será a personagem principal desse enredo, uma boneca construída ponto a ponto, fio a fio entrelaçados, um trabalho delicado traçado por mãos habilidosas que dominam a arte artesanal da técnica do amigurumi, um trabalho manual que exige tempo, métrica, paciência, organização, planejamento... elementos importantes para tudo aquilo que se queira fazer com qualidade e zelo, assim também é, ou deveria ser, o trabalho desenvolvido na educação, visto que se trata da formação integral do ser humano, cujos resultados terão total reflexo no modelo social vigente de um país.

Amora vem a ser, nesse texto, um fio condutor representativo desta autora com sua própria curiosidade, especialmente quando criança, que costuma ser a fase de nossas vidas onde fazemos mais perguntas, questionamentos, indagações.

Em que fase do nosso crescimento queremos saber como são feitos os carros? Como é que a chuva cai? O que segura a lua pendurada no céu? Por que isso, por que aquilo? Por quê?

Onde foi parar nossa curiosidade genuína?

Onde perdemos ou deixamos adormecer nossa curiosidade?

Quando foi que deixamos de ser pessoas questionadoras, sonhadoras, capazes de transformarmos uma simples caixa de papelão em uma aeronave e se transformar em heróis para salvar a via láctea? Quem roubou nossos sonhos? nossas alegrias? Terá sido a escola? Ou melhor, a forma com que o ensino tem sido replicado na maioria das escolas de massa? Qual o principal objetivo de padronização do ensino escolar? O que se deseja tolher? Qual o verdadeiro propósito e objetivo deste modelo educacional vigente?

Foram essas e muitas outras dúvidas, anseios e questionamentos, que moveram Amora a duvidar daquilo que lhe era posto neste meio acadêmico. Foi a curiosidade que a levou a investigar, e pasmem, encontrar centenas de outros modelos educacionais de ensino. O questionamento ficou tão sério que, no futuro, se transformará em uma tese de doutorado. Nessa viagem de descobertas, Amora, precisou viajar para longe de suas raízes, tudo para satisfazer sua curiosidade e vontade de aprender. Saiu da região norte do Brasil e foi morar na região Sul, somente para tentar buscar respostas dessas e outras perguntas, e foi lá, no estado do Paraná, lugar de Araucárias frontosas, na cidade de Londrina, que ela conheceu e se encantou por um modelo de ensino que desenvolve suas práticas se utilizando da filosofia da Pedagogia Waldorf.

Compreendendo a Pedagogia Waldorf

Rudolf Steiner, considerado o criador da Antroposofia, foi filósofo, artista e cientista, nascido na Croácia em 1861. Começou a difundir sua obra na Alemanha, a partir do convite de um empresário no ano de 1919, que lhe confiou a construção de uma escola voltada para os filhos de seus funcionários. Assim, nasceu a primeira escola de filosofia antroposófica, cuja ação educativa considera a observação no ser humano, e sua fase de desenvolvimento[1] em setênios[2].

A pedagogia Waldorf chegou no Brasil por volta de 1956, na cidade de São Paulo, por Rudolf Lanz. Para ele a escola deveria estar a serviço da criança, e não vice-versa, e o sistema educacional deve ser moldado de tal forma que qualquer ser humano, até a idade de 18 anos, tenha a possibilidade de aprender e de receber uma formação que visa o pleno desenvolvimento da sua personalidade, e não ao preparo profissional[3].

São características das escolas Waldorf:

Terem seus espaços físicos bem arborizados e com bastante espaço verde, ênfase ao trabalho e atividades artísticas, baixo número de alunos por classe, autonomia dos professores, participação ativa da família, avaliação

---
[1] FARIA, Fernanda Luiza; REIS, Ivoni Freitas. Um Estudo Sobre Escolas com Pedagogias Diferenciadas: A Pedagogia Waldorf, A Pedagogia Montessori e a Escola Da Ponte em Foco. Revista Interfaces da Educação, Paranaíba, v. 8, n. 23, p. 160-181, 2017.

[2] Os "setênios", são cada período de 7 anos da vida, que para a antroposofia representam ciclos essenciais de desenvolvimento e aprendizagem.

[3] LANZ, Rudolf. A pedagogia Waldorf: caminho para um ensino mais humano. 6. ed. São Paulo: Antroposófica, 1998, p. 105.

diferenciada, não utilização de livro didático, ênfase em assuntos atuais e práticos, atividades extracurriculares, como excursões e viagens e a utilização da euritmia, que segundo Mioto[4] é a

> Expressão por meio de movimentos corporais, que foi inventada por Rudolf Steiner em parceria com sua esposa Maria Steiner, desde 1912. É uma arte muito própria e singular da Antroposofia, que tem seus fundamentos nesta ciência espiritual. É entendida como uma forma de linguagem que se utiliza da música e do movimento para se expressar e, também, para equilibrar as forças internas dos corpos físico, etérico, anímico e o corpo do Eu. Ela é parte do currículo nas escolas Waldorf. Dança-se o som e, também, dança-se as palavras da poesia.

Entrando na Escola Londrinense de pedagogia Waldorf - Jardim Alvorecer

E chega o dia de Amora ir conhecer pessoalmente a tão sonhada escola, seus pelinhos de linha estavam todos eriçados de curiosidade. O caminho para chegar no lugar já é encantador por si, uma rua de barro vermelho, poucas casas e muitas árvores. Ao adentrar, o aspecto de casa foi logo lhe saltando aos olhos, e em seguida nos deparamos com um grande espaço arborizado, uma horta em construção, um parquinho feito com madeira e o que mais foi difícil para Amora se controlar: um grande cercadinho de areia. Ah! que vontade de se despojar da pesquisadora e correr para a areia, sentar e montar grandes castelos!

---

[4] MIOTO, Luis Henrique. Escolas não-convencionais: Um estudo sobre dispositivos pedagógicos inovadores. Tese (Doutorado em Educação) – Departamento de Educação – Universidade Estadual de Londrina, Londrina, 2020, p. 425.

Fonte: Registro da própria autora na escola

Entretanto, já estava à nossa espera uma das responsáveis pela escola, que nos confidenciou um pouco sobre sua história. Curiosa como és, Amora sentou-se e dedicou-se a escutar atentamente aquele depoimento.

O Jardim Alvorecer é um Centro de Educação Infantil (CEI) que se baseia na Pedagogia Waldorf. Recebe crianças de 2 a 6 anos e proporciona uma experiência escolar diferente da tradicional.

O espaço é permeado pela arte, por uma alimentação saudável e a natureza é abundante. A escola iniciou suas atividades em fevereiro de 2017 e tem capacidade para receber até 40 crianças.

De acordo com a gestora entrevistada, a iniciativa de criação de uma nova escola se deu principalmente por sua afinidade e aproximação com os estudos antroposóficos, e com o interesse de quatro professoras (e mães) que faziam parte deste grupo e idealizaram que seus filhos pudessem vivenciar e estudar experiências pedagógicas desse modelo de ensino. Apesar de existirem mais de 100 escolas Waldorf espalhadas pelo território brasileiro, sua chegada na cidade de Londrina só foi possível devido a essa inquietação e movimentação do grupo de mães.

Aliás, este tem sido um elemento comum verificado em outros modelos de ensino que buscam por alternativas pedagógicas diferentes das encontradas em escolas "convencionais": a inquietação e a insatisfação são fatores motivadores para a busca de novas possibilidades da dinâmica escolar; são os sujeitos protagonistas do processo que são os mobilizadores da mudança. Um exemplo desta dinâmica são as chamadas Comunidades de Aprendizagem, que objetivam transformar as relações do seu meio cultural, escolar e social de seu próprio território, sempre tendo o diálogo como principal ferramenta. A diversidade dos sujeitos e seus conhecimentos são validados e reconhecidos[5].

Uma das características das escolas Waldorf é

---

[5] VICENTIM, Fabiana Moreira. Comunidade de Aprendizagem: Novas Práticas em Educação. Brasília: UnB, 2018.

o modelo gestacional compartilhado: é o que acontece no Jardim Alvorecer, onde o diálogo se faz presente na tomada de decisão, que acontece por meio das reuniões e assembleias. E a gestão dos professores não tem hierarquia, todos têm autonomia para conduzir sua turma com as crianças e famílias. Existe o colegiado, mas é uma gestão horizontal, não existe hierarquia.

Diante do exposto pela entrevistada, percebemos que esta escola desenvolve uma proposta pedagógica de ensino diferenciada que envolve desde os aspectos do ambiente físico e estrutural, quanto da formação humana[6], tanto dos professores como alunos, na medida que:

> busca estimular o pensar, o sentir e o querer de forma equilibrada, para ele, quando adulto, poder ser o que ele veio para ser, uma pessoa livre... Procuramos ver o indivíduo e não apenas o coletivo (Gestora entrevistada).

No momento desta fala, Amora ficou pensativa... intrigou-se com a liberdade e o diálogo apresentado. Vinham em sua mente suas lembranças de infância escolar, memórias que marcam uma fase estudantil primordial da formação humana. Parecia escutar a voz da professora pedindo para entrar na fila sempre do menor para o maior, e ela, por ter uma estatura alta, já sabia que seria sempre a última a chegar nos ambientes, a pegar o lanche, a entregar o caderno. Lembrou da falta de liberdade de poder falar como se sentia, o que gostava e até mesmo a possibilidade de escolher onde sentar: se a autonomia e liberdade não pode ser desenvolvida no ambiente escolar, onde poderemos

---

[6] Para a atuar como docente em escolas que seguem a linha Waldorf é necessário que se faça cursos específicos, ligados a linha antroposófica, e oferecidos pela instituição.

aprender?

Sobre este ser livre, Paulo Freire afirma que "a educação, como prática da liberdade, é um ato de conhecimento, uma aproximação crítica da realidade"[7].

Amora, aqui, por ser apenas nosso fio condutor da infância, sabe que o passado não pode ser modificado, entretanto, sua versão adulta e docente, se alegra em poder fazer escolhas metodológicas diferenciadas, as quais possam propiciar um desenvolvimento orgânico de cada criança.

Conclusão

Amora saiu desta visita encantada com o que presenciou neste espaço de aprendizagem. O ambiente arejado e repleto de natureza lhe transmitiu aconchego, por ser uma escola que estruturalmente mantém as características de uma casa de madeira lhe pareceu acolhedor, dando a impressão de impactar menos o estranhamento tão peculiar das crianças em seus primeiros dias de aula. Algo marcante também foram as percepções durante a narrativa da entrevistada: percebeu-se a entrega, o amor, carinho e respeito pelo mundo da criança e por isso a importância de lhes oferecer uma educação que valorize e considere suas etapas de crescimento e necessidades

---

[7] FREIRE, Paulo. Conscientização: teoria e prática da libertação: uma introdução ao pensamento de Paulo Freire. Tradução de Kátia de Mello e Silva; revisão técnica de Benedito Eliseu Leite Cintra. São Paulo: Cortez & Moraes, 1979, p. 15. Disponível em: https://www.fpce.up.pt/ciie/sites/default/files/Paulo%20Freire%20-%20Conscientiza%C3%A7%C3%A3o_pp.5-19.pdf Acesso em: 11 out. 2022.

humanas.

     Sabemos que a questão educacional no Brasil ainda tem muito o que avançar, e somos frutos de um processo histórico de colonização. Priorizar a Educação e repensar a forma opressora e castradora de alguns de seus métodos de ensino, que outrora podem ter sido significativos, mas questionadores nos dias atuais, dado toda a evolução vivida pelo homem, se faz cada vez mais urgente. Que a curiosidade de Amora esteja presente em cada um de nós, docentes e formadores de opinião, nos fazendo indagar e questionar se nossas abordagens pedagógicas estão alinhadas com uma educação de qualidade, mais amorosa e verdadeiramente efetiva na formação integral do ser humano. Poder pisar no chão dessa escola Waldorf, e vivenciar suas práticas pedagógicas, nos fez querer conhecer de perto outras iniciativas pedagógicas existentes, inclusive em algumas escolas públicas, como é o caso da cidade de Paranoá, em Brasília, com sua Comunidade de Aprendizagem, e a escola Campos Sales, na comunidade de Heliópolis, na grande São Paulo, alguns exemplos de instituições que ousaram fazer diferente e não se curvaram diante de um currículo engessado, adaptaram suas práticas pedagógicas com um ensino que faça sentido aos seus. Afinal de contas, a verdadeira educação é para a VIDA.

5

Memórias e diásporas pandêmicas:
o que se aprendeu diante disso por um curta metragem?

Paulo de Tarso Xavier Sousa Junior

Resumo

Este capítulo imerge nos afetamentos subjetivos ocasionados pelo cenário da Covid-19, sendo a curiosidade propulsora que delimitou esta escrita. Curiosidade esta evocada com base no marco histórico vivido desde 2020 no Brasil, e em como o mesmo contribuiu para moldar relações, modos de vida e percepções (des)construídas. Dessa maneira, se pretende como objetivo compreender como as pessoas esperançaram diante das consequências promovidas pela chegada do vírus Sars-CoV-2, por meio da produção de um curta metragem. Foram escutadas pessoas residentes da cidade de Teresina/PI, de gêneros e idades variadas, por meio de uma conversa aberta delimitada por dois questionamentos: como você enxerga a pandemia da Covid-19 e como você espera que seja o futuro em um cenário pós-pandêmico. Baseado nestas escutas foi possível observar mudanças em comportamentos individuais e para com o próximo, sendo necessário uma maior coletividade e apoio mútuo. Diante das perdas e consequências sofridas, as vozes que compõem esta iniciativa relatam sobre a necessidade de um esperançar no aqui agora, mobilizando diante de mazelas e cicatrizes sentidas na população pela inércia no combate contra o vírus. Só assim será possível materializar uma sociedade com maior empatia, equidade e acima de tudo, amorosidade entre os seres.

Palavras-chave: Transformações. Autocuidado. Esperançar.

Introdução

> "Eu aprendi que a coragem não é a ausência do medo, mas o triunfo sobre ele"
>
> Nelson Mandela

Pensar na pandemia de Covid-19 pode parecer, atualmente, em pleno 2023, um pouco distante para muitas pessoas. Contudo, esse período se tornou mais longo do que se esperava e/ou imaginava. Até então, as sociedades conheciam muito pouco ou quase nada sobre as consequências desse vírus à saúde. Além disso, essa patologia também apresentou uma série de mudanças significativas nas sociedades e nas estruturas do cotidiano. Almeida et al.[1] apontam que no Brasil foi possível observar diversas modificações nas formas de sobrevivência e do contato das relações humanas. Essas transformações apresentaram ainda mais dificuldades nos modos de saúde, renda e condições de manutenção de vida.

Malta et al.[2] alertam sobre como os brasileiros e brasileiras lidaram com tantos percalços advindos e complicados em relação ao contexto pandêmico. Foram observados muitos comportamentos de riscos atrelados a péssimas condições de saúde, colocando esses indivíduos frente a frente à sua finitude. Isso representou a presença de mais adoecimentos da população diante desse estado de

---

[1] ALMEIDA, Wanessa da Silva de et al. Mudanças nas condições socioeconômicas e de saúde dos brasileiros durante a pandemia de COVID-19. Revista Brasileira de Epidemiologia, v. 23, 2020.

[2] MALTA, Deborah Carvalho et al. A pandemia da COVID-19 e as mudanças no estilo de vida dos brasileiros adultos: um estudo transversal, 2020. Epidemiologia e Serviços de Saúde, v. 29, n. 4, p. e2020407, 2020.

emergência sanitária, proporcionando em mais situações de vulnerabilidades e sofrimento.

As percepções diante da pandemia foram construídas com base nas condições nas quais cada sujeito estava submetido. Pensar no Brasil, um país com dimensões continentais e com realidades múltiplas, o vírus provocou mais desafios ao cotidiano, provocando distinções entre os afetamentos a cada pessoa. Apesar do grande compartilhamento da frase "estamos no mesmo barco" nas redes sociais e cotidianas, a realidade não era bem aplicada dessa maneira.

As grandes transformações vivenciadas nesse período emergiram não apenas da necessidade de cuidar sobre si mesmo diante do contágio do vírus, além de seguir as medidas de segurança, mas em como manter outros aspectos do cotidiano como a moradia, educação, trabalho, renda e afins. Dessa maneira, é possível compreender a existência de muitas alterações nos diversos aspectos da vida humana. Essas deformidades também afetam os territórios, ocasionando em novas reconfigurações diante daquela realidade[3].

Enquanto isso, a pandemia seguiu alastrando diversas vulnerabilidades e desigualdades sociais. Seria injusto atribuir apenas a este contexto sanitário as consequências

---

[3] MEDEIROS Ana Paula; RAJS, Soraya. AS CIDADES E A PANDEMIA: EFEITOS, DESAFIOS E TRANSFORMAÇÕES. In: MENDES, Amanda; VINAGRE, Ana Beatriz; AMORIM, Annibal; CHAVEIRO, Eguimar; MACHADO, Machado; VASCONCELLOS, Luiz Carlos Fadel; GERTNER, Sonia. Diálogos sobre acessibilidade, inclusão e distanciamento social: TERRITÓRIOS EXISTENCIAIS NA PANDEMIA. – IdeiaSUS/Fiocruz; Comitê Fiocruz pela Acessibilidade e Inclusão de Pessoas com Deficiência; Departamento de Direitos Humanos, Saúde e Diversidade Cultural da Escola Nacional de Saúde Pública Sergio Arouca (DIHS/Ensp/Fiocruz); e Universidade Federal de Goiás (UFG). 6-9, 2020.

das mutações cotidianas, uma vez que estes contrastes já assolavam o mundo e advieram de uma herança colonial e a qual ainda segue se sustentando. Na contrapartida, a pandemia potencializou a riqueza de tantos outros grupos elitistas, provocando um verdadeiro abismo que separa estas tantas conjunturas[4].

Nesse sentido, uma alternativa no meio de tantas adversidades adveio com o compartilhamento de um conceito desenvolvido por Paulo Freire (1921-1997) chamado "esperançar". Aqui, o autor a distingue da etimologia da palavra esperança, trazendo um novo significado perante sua prática.

> Não quero dizer, porém, que, porque esperançoso, atribuo à minha esperança o poder de transformar a realidade e, assim convencido, parto para o embate sem levar em consideração os dados concretos, materiais, afirmando que minha esperança basta. Minha esperança é necessária, mas não é suficiente. Ela, só, não ganha a luta, mas sem ela a luta fraqueja e titubeia. Precisamos da esperança crítica, como o peixe necessita da água despoluída[5].

Dessa maneira, o esperançar consiste em uma ação, não baseada apenas em um desejo, mas em buscar uma mobilização ao aqui e agora. Em um cenário caótico e cheio de adversidades ocasionado pela Covid-19, como as pessoas conseguiram continuar esperançando? Esta pergunta consiste na curiosidade a qual deu o pontapé

---

[4] COSTA, António Firmino da. DESIGUALDADES SOCIAIS E PANDEMIA. In: CARMO, Renato Miguel do; TAVARES, Inês; CÂNDIDO, Ana Filipa (orgs.) Um Olhar Sociológico sobre a Crise Covid-19 – Lisboa, Observatório das Desigualdades, CIES-Iscte, 2020.

[5] FREIRE, Paulo. Pedagogia da Esperança: um reencontro com a Pedagogia do Oprimido. 24° ed. São Paulo/Rio de Janeiro: Paz e Terra, 2018, p. 9.

inicial de toda a construção narrada aqui.

O presente capítulo apresenta como objetivo geral compreender como as pessoas esperançaram diante das consequências promovidas pela chegada do vírus Sars-CoV-2, por meio da produção de um curta metragem. O trabalho, para além de contribuir como mais uma produção científica a qual fortalece a ciência, provoca inquietações sociais. Consequenciando em metamorfoses tangíveis e que de fato cheguem nas pessoas, popularizando assim os saberes acadêmicos e populares.

Luz, câmera... e ação!

A construção desse produto (o curta metragem) adveio da conclusão de uma disciplina especial do programa de pós-graduação de uma universidade federal pública. A atividade consistia na produção de um trabalho que expressasse uma curiosidade aplicada a uma forma de escuta e que representasse em sua gênese algum aspecto de amorosidade. A dúvida partiu do objetivo traçado neste trabalho, escolhendo a modalidade de uma produção audiovisual como meio a qual seria possível realizar uma escuta plena e sem nenhum tipo de interferências do autor deste escrito.

Foram escolhidas cinco pessoas de distintas idades do desenvolvimento humano e de gêneros variados, apesar da predominância maior do gênero feminino. Os entrevistados deveriam responder a dois questionamentos do entrevistador, sendo respectivamente: como você enxerga a pandemia da Covid-19? e como você espera que seja o futuro em um cenário pós-pandêmico?

As respostas tiveram uma média de duração de aproximadamente um minuto e meio, onde essas vozes poderiam falar livremente. Ainda na oportunidade realizou-se, com as crianças que participaram da produção, um desenho livre a qual também expressasse as visões das entrevistadas. Após a colheita dessas percepções, o vídeo foi editado e construído por meio dessas respostas. A partir da finalização deste produto, o presente capítulo se debruça diante dos questionamos as quais emergiram dessas memórias e de tantas diásporas vivenciadas.

Cena um, tomada um

O primeiro ponto discutido nesta série diz respeito a como a pandemia foi gerida pelas instâncias do governo federal eleito em 2018 no Brasil. As dificuldades refletidas no cotidiano das pessoas e até mesmo vivenciado por cada um dos participantes desta obra, foram oportunizadas diante do descaso das autoridades públicas no manejo ao combate do vírus. Isso significou uma responsabilização diante das inúmeras perdas, não só físicas, encontradas neste país. Marques e Raimundo[6] discorrem sobre como os discursos de ódio, alimentados por representantes dessas esferas governamentais, produziram um descrédito diante do próprio vírus bem como da própria ciência.

Quando aplicada a uma outra realidade, presente

---

[6] MARQUES, Ronualdo; RAIMUNDO, Jerry Adriano. O Negacionismo científico refletido na pandemia da covid-19. Boletim de Conjuntura (BOCA), v. 7, n. 20, p. 67-78, 2021.

nas crianças participantes deste trabalho, a pandemia representou um momento difícil uma vez que as separaram do mundo e das ações as quais estavam habituadas e produziam algum tipo de bem-estar. Apesar das alternativas tecnológicas à perda do contato, a troca vivencial se tornou bastante difícil. Dessa maneira, é possível observar como o vírus apresentou fragilidades no conforto das pessoas. Convidadas a relatarem isso em forma de desenho, encontramos abaixo alguns exemplos representativos desses entendimentos.

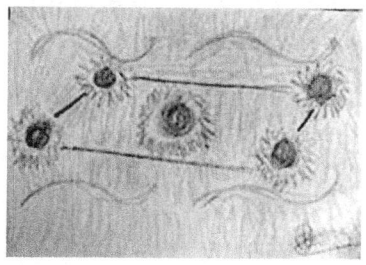

Fonte: Própria (2023)

O vírus é concebido como um grande vilão, onde as representações negativas são atribuídas a ele. Essas visões advêm das consequências provocadas e não antes vividas por boa parte da população, visto que fenômenos como a pandemia não ocorriam há muitos séculos. Com base nos desenhos produzidos diante a produção deste curta metragem, emojis relacionados a emoções e sentimentos como raiva e tristeza foram encabeçadas a Covid-19, demonstrando o quão esse período pandêmico provocou diversos percalços, refletindo diretamente na saúde mental das pessoas.

Garrido e Rodrigues[7] discorrem sobre o impacto da Covid-19 para além das mudanças sociais e na saúde humana. Os efeitos apresentavam temores à população frente à finitude e aos impactos em diversos setores sociais. A pandemia colocou as pessoas diante a um quadro de adversidades e de não planejamento de possibilidades futuras, representando assim em um grande impacto nessas subjetividades. Não é à toa a presença de desgastes emocionais associados a todo esse período.

A pandemia ainda representou, como observado nas gravações, as mudanças não apenas no cotidiano das pessoas, mas também nos modos de levar a vida. A partir de então, novos comportamentos foram adotados como maneira de proteção ao vírus. Ao mesmo tempo, dilemas frente a até que ponto as demais pessoas também teriam acesso a essas ferramentas onde foram trazidas como reflexões. De fato, todos não estavam no mesmo barco.

As discussões também pautaram as incertezas perante o Brasil. Diante das fatalidades impostas pelo vírus, o país ainda enfrentava uma grave crise em muitos aspectos da vida da sua população, refletindo nos mais de 37 milhões

---

[7] GARRIDO, Rodrigo Grazinoli; RODRIGUES, Rafael Coelho. Restrição de contato social e saúde mental na pandemia: possíveis impactos das condicionantes sociais. Journal of health & biological sciences, v. 8, n. 1, p. 1-9, 2020.

de infectados e mais de 600 mil óbitos pela Covid-19[8]. As incertezas produziam essas angústias bem como o pavor diante do vírus e sobre o futuro. Como sonhos e planos seriam realizados? E aqueles que tiveram uma e/ou várias perdas, como seguiriam em frente? São perguntas que ainda seguem sem respostas.

A pandemia desenvolveu uma grande crise em variados pontos sociais, contudo, o Brasil ainda foi submetido a tantas outras mazelas. O impressionante número de mortos escancara para além da negligência do poder público. Ele também reflete face ao negacionismo e as muitas ações realizadas cotidianas e que potencializam o vírus. Nesse sentido, as perdas foram culpabilizadas por tantas outras situações, que se torna duro pensar em como tudo poderia ser diferente do que se viveu[9].

Cena dois, tomada um

> Sem um mínimo de esperança não podemos sequer começar o embate, mas, sem o embate, a esperança, como necessidade ontológica, se desarvora, se desendereça e se torna desesperança que, às vezes, se alonga em trágico desespero. Daí a precisão de uma certa educação da esperança. É que ela tem uma tal importância em nossa existência, individual e social, que não devemos experimentá-la de forma errada, deixando que ela resvale para a desesperança e o desespero. Desesperança e desespero, consequência

---

[8] BRASIL. Ministério da Saúde. DATASUS – Departamento de Informática do SUS. Secretaria de Vigilância em Saúde. Coronavírus / Brasil. Covid-19 Painel Coronavírus. Brasília: DF, 2023.

[9] PEREIRA, Carlos; MEDEIROS, Amanda; BERTHOLINI, Frederico. O medo da morte flexibiliza perdas e aproxima polos: consequências políticas da pandemia da COVID-19 no Brasil. Revista de Administração Pública, v. 54, p. 952-968, 2020.

e razão de ser da inação ou do imobilismo[10].

Nesta cena, as discussões se baseiam frente a como cada um enxerga ou enxergou uma saída, possibilidade ou esperançar mesmo com as extremas ameaças apresentadas pela Covid-19. Um exemplo disso foram as inúmeras "diásporas" vividas, as quais separaram e distanciaram pessoas, situações e contextos. Com base nessas mudanças abruptas, cada um buscou a seu modo e dentro do seu contexto, desenvolver estratégias de ações que visassem a resiliência e uma mudança mais efetiva sobre as dificuldades impostas no seu cotidiano.

As eleições presidenciais do ano de 2022 consistiram em um esperançar para esses participantes. De acordo com Ferrari[11], a escolha dos representantes pela população brasileira não deixou de fora o debate frente aos problemas vivenciados pela pandemia. Nesse sentido, muitas desinformações foram utilizadas como método de alternativa para a manutenção de governos que pouco influíram na luta contra o vírus e a favor da população.

A mudança por meio do voto chega como uma forma prática e ativa desse esperançar, apostando principalmente na juventude como protagonistas na mudança do seu país. Assim, o curta reflete sobre as transformações que advêm desse exercício de cidadania coletiva e como isso influencia em uma sociedade dilacerada em muitos aspectos por uma pandemia.

---

10   FREIRE, Paulo. Pedagogia da Esperança: um reencontro com a Pedagogia do Oprimido. 24. ed. São Paulo/Rio de Janeiro: Paz e Terra, 2018, p. 11.

11   FERRARI, Carlos Kusano Bucalen. IMPACTO DAS ELEIÇÕES NA REEMERGÊNCIA DE COVID-19 NO BRASIL. Boletim de Conjuntura (BOCA), v. 8, n. 22, p. 151-160, 2021.

Um ponto de acalento, força e resiliência observada neste trabalho foram os efeitos da religião com a chegada da Covid-19. Andrade et al.[12] dialogam sobre a importância dessas crenças frente a uma conjuntura distópica e cheia de mazelas. A religião, independente de qual seja, possui essa capacidade de auxílio, sendo considerada, muitas vezes, como a grande responsável pelo apoio no dia a dia.

As reflexões seguem indagando como regressar a uma vida "normal". A princípio esse termo é questionado, visto que posteriormente a tantas mudanças, como seguir em frente? Foram perdas e transformações não benéficas em muitos espaços e para muitas realidades. Nesse momento surge o termo "novo normal", estabelecendo agora uma nova maneira de seguir em frente, ressignificando (ou não) as mazelas, readaptando a realidade e almejando alternativas para seguir sobrevivendo.

Aguiar e Araújo[13] dialogam sobre como seria esse recomeço. A concretude pandêmica não pode ser encarada como um conto de fábulas, a qual existirá um final feliz acrescido a uma moral. Entender o cenário de pandemia dessa maneira aponta o apagamento de milhões de histórias e memórias dilaceradas e as quais não tiveram seu final feliz. Ao contrário, seguem até o momento tentando se refazer e se livrar um pouco de tantas adversidades seguidas.

Como diria Chico, "apesar de você, amanhã há de

---

[12] ANDRADE, Ivani Coelho et al. O fenômeno religioso na pandemia da COVID-19. Último Andar, v. 24, n. 38, p. 113-125, 2021.

[13] AGUIAR, Raquel; ARAÚJO, Inesita Soares de. A Fábula do viroceno: As narrativas sobre heroísmo, solidariedade e novo normal. Revista Latinoamericana de Ciencias de la Comunicación, v. 19, n. 35, 2020.

ser outro dia"[14], sendo um dos lemas observados nesta iniciativa. Apesar das vozes presentes neste trabalho não acreditarem que a sociedade será a mesma, o esperançar permite buscar e mobilizar forças para que as pessoas possam bater de frente aos problemas assolados, reiterando seus direitos e os deveres do Estado. Esse ponto não deve ser encarado como uma trama vingativa de telenovela, ao contrário, mas surgem dessas dores a retomada da direção do curta de cada uma de suas vidas, pois "você vai pagar e é dobrado, cada lágrima rolada nesse meu penar"[15].

Sequência final

Sem dúvidas a pandemia de Covid-19 mudou o mundo e deixou registrada na memória das pessoas (e de quem conseguiu sobreviver a ela) dores, sofrimentos e tantas outras emoções e sentimentos as quais ficariam impossíveis de descrever nestas linhas. Escutar o que essas pessoas têm a dizer e como enxergaram esse período de turbulências faz parte da gênese deste trabalho. O curta metragem proporcionou essas falas, as quais muitas vezes se encontravam silenciadas, ainda que as tecnologias ocasionam um grande número de dispositivos e redes as quais são possíveis relatar esses discursos.

O esperançar aqui traçado e tão bem retratado por Paulo Freire retorna ao cenário do cotidiano de uma maneira inesperada e necessária. Ainda que muitos não

---

14   BUARQUE, Chico; MPB4; QUARTETO EM CY. Apesar de você. Universal Music Ltda: 1978.
15   Idem.

concebam seu significado de forma escrita, seu significado é encontrado em suas ações e até mesmo em suas falas. Cabe agora a cada um, não somente aos participantes deste produto como também a você leitor, seguir fazendo parte desse grande coletivo de lutas. Conta-se com você!

Corta!

Nota do autor: O curta relatado neste capítulo não se encontra disponível nas plataformas digitais em decorrência de necessidade dos direitos de som/imagem das pessoas envolvidas.

6

Dialogando com professores:
a formação docente continuada e a tecnologia

Ana Paula André

Resumo

Este capítulo parte da proposta de ouvir os professores em processo de formação continuada sobre o uso das tecnologias digitais, por meio da curiosidade sobre a temática e sob a perspectiva da escuta ativa do outro. Historicamente, as Tecnologias Digitais da Informação e Comunicação no contexto escolar (TDIC) e seu uso cotidiano na educação sempre foram permeados por resistências na atuação docente e por poucos investimentos por parte de políticas públicas para o setor. Tais fatores acarretam, por consequência, a falta de formação dos educadores quanto ao seu uso. Nesse sentido, na pesquisa, foram ouvidos dezesseis professores que atuam na Rede Pública Estadual, na cidade de Cascavel-PR, por meio de questionários semiestruturados, o que permitiu que se refletisse sobre a questão. A necessidade de investigação da temática emerge em um momento histórico conturbado, no qual é preciso repensar as implicações das tecnologias no contexto escolar, exigindo maior aprofundamento, leituras, diálogos e compreensão do que é necessário para preparar sujeitos críticos. Isso nos convida a refletir sobre os processos de formação docente. A pesquisa possibilitou a compreensão daquilo que os professores consideram como uma formação continuada na área da tecnologia e como essa poderia contribuir para a sua prática.

Palavras-chave: Escuta, Formação docente, Tecnologia

Introdução

Por meio da disciplina "**Escuta, Curiosidade e Amor**", do Programa de Pós-Graduação em História das Ciências e das Técnicas e Epistemologia, da Universidade Federal do Rio de Janeiro (UFRJ), buscamos um objeto de pesquisa que concretizasse a necessidade de investigação e que pudesse ser o caminho daquilo que se objetivava conhecer. Tal busca foi permeada pelo caráter dialógico do ouvir o outro de forma amorosa e de realizar a permanente partilha dentro da construção do conhecimento, partindo da compreensão de que "aprender não é absorver passivamente algo que já está pronto, fora de nós, mas interagir com o que se aprende para transformar nosso modo de pensar e agir"[1].

Diante disso, o caráter inovador proposto pela disciplina rompeu com o formato tradicional das disciplinas ministradas nos cursos de pós-graduação stricto sensu, possibilitando a construção em conjunto com todos os envolvidos em sua estrutura, o que favoreceu a escolha consciente do referencial bibliográfico, as trocas e partilhas e, até mesmo, as dinâmicas utilizadas nas aulas.

Sendo assim, a busca pela compreensão daquilo que, a princípio, era-nos desconhecido perpassou "a curiosidade como inquietação indagadora, como inclinação ao desvelamento de algo, como pergunta verbalizada ou não, como procura de esclarecimento, como sinal de atenção que sugere alerta, faz parte integrante do fenômeno

---

[1] MARIOTTI, 2000, citado por PIRES, L. L. de A. et al. A Educação de Jovens e adultos: o educando e o contexto da pandemia. Itinerarius Reflectionis, 16(1), 2020, p. 13. Disponível em: https://doi.org/10.5216/rir.v16i1.65616. Acesso em: 21.02.2022.

vital, [...] curiosidade crítica, insatisfeita, indócil"[2].

Com tal inquietação, partimos da indagação sobre o que pesquisar, seguida de como pesquisar num viés que representasse o caráter dialógico, a escuta ativa e a interação com a construção desta proposta. Com isso, definido o que pesquisar e, de forma mais explícita, o que me movia para essa necessidade enquanto pesquisadora, delimitaram-se os aspectos para a concretização da investigação.

Enfaticamente, o que me remeteu à necessidade da pesquisa esteve intrinsecamente ligado à formação continuada do docente para a Educação Básica, no que tange às tecnologias educacionais e ao pertencimento a estas possibilidades, já que a "pertença ao mundo tecnológico não significa apenas um limite adaptativo, mas exige a apropriação de pedagogias que desmistificam e encaminham para um olhar crítico"[3]. Além disso, há também o fato de que a formação continuada está baseada

> [...] em um processo sucessivo do desenvolvimento profissional do professor formador perante uma interligação entre sua formação inicial, correspondente a sua vivência de aprendizagem nas instituições formadoras e a continuada, que se configura como processo durante o exercício da profissão[4].

Pressupõe-se, assim, a urgência em dialogar com tais

---

2   FREIRE, P. Pedagogia da Autonomia: Saberes necessários à prática educativa. Paz e Terra: Rio de Janeiro, 2021, p. 33.

3   HABOWSKI, A.; CONTE, E. (Re)pensar as tecnologias na educação a partir da teoria crítica. São Paulo: Pimenta Cultural, 2019, p. 34.

4   MEDEIROS, L. M. B.; BEZERRA, C. C. Algumas considerações sobre a formação continuada de professores a partir das necessidades formativas em novas tecnologias na educação. In: SOUSA, R. P., et al., orgs. Teorias e práticas em tecnologias educacionais [online]. Campina Grande: EDUEPB, 2016, pp. 17-37, p. 23.

questões, a partir de leituras e discussões que possibilitem um viés mais dinâmico, centrado na formação do educador e no uso consciente e reflexivo das Tecnologias Digitais da Informação e Comunicação (TDIC), no contexto escolar.

Metodologia

A partir da leitura e análise de um referencial teórico sobre o tema, foi possível ampliar o olhar no que se refere à temática. Utilizando-se de um questionário semiestruturado, foi promovido o diálogo com os professores da Rede Pública Estadual, na cidade de Cascavel, interior do Paraná, os quais trabalhavam com o Ensino Fundamental II e com o Ensino Médio.

Em um primeiro momento, foi elencada uma série de questões que permitiram conhecer o educador, como, por exemplo: seu tempo de atuação e como compreendia a utilização das tecnologias em sala de aula no contexto pós-pandemia de COVID-19. Isso tendo em vista que, "na formação permanente dos professores, o momento fundamental é o da reflexão crítica sobre a prática. É pensando criticamente a prática de hoje ou de ontem que se pode melhorar a próxima prática"[5].

A pesquisa foi aplicada para um total de dezesseis profissionais, com a utilização da plataforma Google Forms. Desse número de participantes, apenas um dos entrevistados optou por não responder a todas as questões

---

5 FREIRE, P. Pedagogia da autonomia: saberes necessários à prática educativa. São Paulo: Paz e Terra, 2011, p. 60.

propostas no questionário semiestruturado, e ainda, o mesmo não participou das questões abertas.

Os profissionais que fizeram parte da pesquisa atuam na mesma rede que a pesquisadora (Rede Pública Estadual), e como forma complementar, também trabalham na rede particular de ensino e/ou na Rede Municipal, em diferentes níveis de ensino. As disciplinas ministradas pelos participantes da pesquisa foram: Língua Portuguesa, Arte, Matemática, História, Geografia, Educação Física, Inglês, Ensino Religioso e Ciências. O maior percentual de professores por disciplina ocorreu em Arte e Geografia, ambas com 20% de representatividade.

Resultados e discussões

Cada vez mais, vivenciamos a ênfase no uso das tecnologias dentro da sala de aula enquanto metodologias, no entanto, sem a perspectiva do uso consciente e reflexivo desses mecanismos. Educar em um mundo pautado por esse uso de tecnologias implica transitar por novos papéis e "explorar as linguagens dos meios digitais e seus modos de interpretar e construir a realidade". Nesse sentido,

> [...] aprender e ensinar no entorno digital envolve a construção de um agir crítico, responsável e solidário de modo a assegurar um acesso qualificado à tecnologia como igualdade de oportunidade e possibilidades diante de toda diversidade de desafios colocados pela

cultura digital[6].

Nessa perspectiva, com o Google Forms, deu-se início à interação com os docentes, pela realização de um mapeamento inicial, no qual foi possível obter as seguintes respostas em relação ao tempo de atuação docente no magistério:

Figura 1 - Tempo de atuação profissional

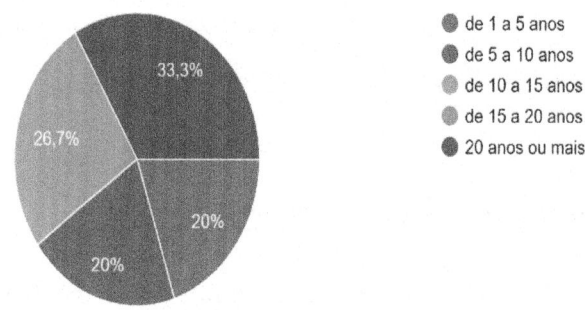

Fonte: material da pesquisadora (2022).

Esse aspecto permitiu observar que a maior parte dos docentes que participaram da pesquisa (33,3%) estão em atuação por um tempo de vinte anos ou mais. Tal dado favoreceu, para esta análise, a inserção de diversas questões que envolvem tempo de formação, tempo de atuação, proximidade com as novas tecnologias para o ensino em sala de aula e, ainda, a formação continuada como base para a ampliação dos conhecimentos do professor.

---

6   FANTIN, M.; RIVOLTELLA, P. C. Crianças na era digital: desafios da comunicação e da educação. REU, Sorocaba, SP, v. 36, n. 1, p. 89-104, jun. 2010, p. 11-12. Disponível em: https://educacao-digital35.webnode.com/_files/200000005-0c6d30e603/01_Fantin_2006.pdf. Acesso em: 10 jan. 2023.

Seguido essa questão, abordamos a área de atuação do docente, como representada na figura abaixo, o que evidencia a necessidade transdisciplinar da tecnologia voltada à educação.

Figura 2 - Área de formação/atuação do docente

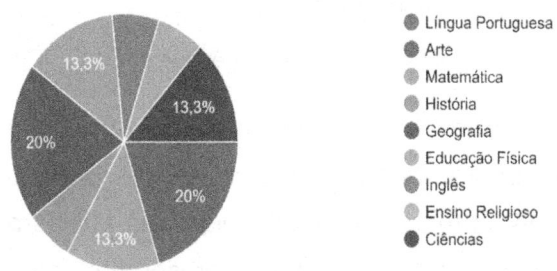

Fonte: material da pesquisadora (2022).

Para além dessas questões, foram enfatizados questionamentos acerca da imersão dos docentes durante a pandemia, no uso de tecnologias educacionais. Sobre essa questão, um número muito representativo dos profissionais (62,5%) considerou a formação insatisfatória e aligeirada.

Foi possível perceber que a formação continuada para o uso das tecnologias educacionais, por parte dos docentes da escola pública, além de fragmentada no período pandêmico, contou com outros sérios empecilhos, dentre os quais, destacam-se os custos com equipamentos ou treinamentos, assumidos pelos próprios docentes para a realização do home office. Mais uma vez, a política de estado mínimo se concretizou, deixando o educador com o ônus da(o) conta/custeio.

Figura 3 - Processo de imersão nas tecnologias pelos docentes durante a pandemia

Durante a pandemia, você considerou a imersão no uso das tecnologias educacionais por parte dos docentes satisfatória?
16 respostas

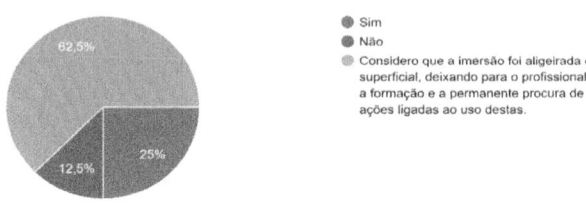

Fonte: material da pesquisadora (2022).

Outro item que demonstrou um elevado percentual de respostas positivas por parte dos professores é o fato de que as tecnologias educacionais auxiliam no processo de ensino e aprendizagem presencial, possibilitando ao educando uma participação mais efetiva. Do total de participantes, 66,7% concordam com este aspecto, o que pode ser observado no quadro abaixo.

Figura 4 - A tecnologia educativa como aliada no processo de aprendizagem

Na sua opinião, as aulas presenciais com a utilização de tecnologias educacionais se tornam:
15 respostas

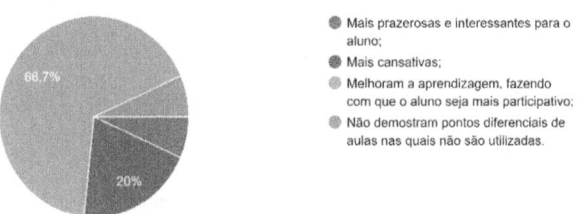

Fonte: material da pesquisadora (2022).

Também foi aplicado aos participantes um novo questionário com questões abertas, no qual cada um pode expressar o seu entendimento acerca da temática. O questionário abordou as seguintes perguntas:

1. Com as reais condições para a oferta da educação na atualidade, como você trabalha o uso das tecnologias em sala de aula?
2. Como você gostaria de trabalhar?
3. Como trabalhar o uso das tecnologias de forma emancipadora?
4. O que você considera essencial, por parte do professor, em relação às tecnologias?

Neste sentido, é importante evidenciar algumas falas dos professores que participaram da pesquisa, no sentido de melhor conhecer a realidade de cada um, além de sua forma de compreender e interagir com as tecnologias. Questionado sobre como gostaria de trabalhar utilizando-se das tecnologias como ferramenta pedagógica, o entrevistado "A" abordou, em sua fala, a ausência de investimentos para a democratização de tais recursos: "Eu gostaria de poder usar os recursos tecnológicos em todas as escolas que trabalho, porém, entendo que as carências sociais não permitem a democratização dos recursos tecnológicos" (participante A).

No que tange à formação docente continuada, de acordo com a partilha e a troca entre os próprios professores, esta normalmente é aligeirada, sem aprofundamento. Os investimentos para o setor configuram-se como pequenos frente às necessidades apresentadas pelas instituições de ensino. É o que afirma um dos entrevistados ao responder à questão: como trabalhar o uso das tecnologias de forma emancipadora?

> Esse é o "x" da questão. Acredito que, primeiramente, deve existir uma capacitação dos docentes para o uso destes novos recursos, se enquadrando na realidade da instituição que trabalha. Muitas problematizações e experimentos devem ser feitos, para que a tecnologia seja aliada à educação (participante A).

Enfatizou-se também que a formação continuada não se caracteriza como espaço dialógico entre o falar e o escutar, pois não permite novas possibilidades que se reflitam também em sala de aula e, de maneira mais explícita, na aprendizagem do aluno. A formação continuada está cada vez mais inserida no instrumental das tecnologias, no entanto, é preciso ir além, favorecer ao docente a possibilidade de, através das tecnologias, refazer leituras, questionar a quem servem e para que servem seus instrumentos, levando isso para sua prática educativa e para potencializar o olhar crítico. Sendo assim, "o aprender contínuo é essencial em nossa profissão [...] deve se concentrar em dois pilares: a própria pessoa do professor, como agente, e a escola, como lugar de crescimento profissional permanente"[7].

> As tecnologias são meios pelos quais o professor pode desenvolver práticas pedagógicas significativas que contribuam com o processo de ensino e aprendizagem de forma qualitativa, almejando uma educação humanizadora e não alienante. Mas é preciso refletir sobre isto e quais recursos tecnológicos se adequam ao ensino (Participante B).

---

[7] NÓVOA, 2001, citado por FREITAS, S. L; PACÍFICO, J. M. Formação continuada: um estudo colaborativo com professores do Ensino Médio de Rondônia. Interações: Campo Grande, MS, v. 21, n. 1, p. 141-153, jan./mar. 2020, p. 144.

A partir da fala do participante "B", compreende-se que precisamos ultrapassar aquilo que os limites circunstanciais nos mostram, ou seja, refletir sobre o processo e sobre o uso das tecnologias no interior da escola, numa prática que envolva a coletividade. Na compreensão de Corradini e Misukami[8], ao considerarmos as tecnologias apenas como meio de lazer ou informações rápidas, deixamos de potencializar seu caráter educativo e fazemos com que somente perpetuem ideologias.

A troca e a partilha, compreendidas em seu caráter transdisciplinar, auxiliam este processo dialógico e reflexivo, como demonstrou as respostas para a questão número quatro: o que você considera essencial, por parte do professor, em relação às tecnologias? Dos quinze participantes que responderam à pesquisa de forma efetiva, dez destacaram a participação em grupos de estudos e oficinas que problematizam o assunto; um evidenciou a formação inicial na área; e quatro destacaram as trocas permanentes com outros profissionais e professores, de forma a contemplar as diferentes disciplinas.

A tecnologia por si só, sem a leitura e o pensamento crítico, apenas informa. Ela precisa de um tratamento adequado pelos educadores para que possa compor o processo de ensino-aprendizagem de maneira qualitativa. Decodificar e utilizar plataformas está muito aquém do que precisamos no interior das escolas.

---

[8] CORRADINI, S. N.; MISUKAMI, M. G. N. Práticas pedagógicas e o uso da informática. Revista Exitus, v. 3, n. 2, jul./dez., 2013, p. 85-92. Disponível em: <http://ufopa.edu.br/portaldeperiodicos/index.php/revistaexitus/article/view/152> Acesso em: 30 mar. 2023.

Segundo Brito e Ferreira,

> Os alunos que estão hoje nas escolas [...], devido à pandemia de 2020, estão vivenciando esta nova realidade ainda não pensada e não projetada. Sendo assim, é mister que o professor esteja com os olhos no presente, porém com um olhar para o futuro, impulsionando os alunos para esta realidade que se apresenta ou se apresentará nas instituições de ensino. A partir desta constatação, é imprescindível que, junto aos conhecimentos específicos da educação que qualquer professor deva ter ao exercer sua profissão, seja desenvolvida a competência tecnológica[9].

De acordo com Sá et al.[10], temos clareza das obrigações do Estado no financiamento e nos investimentos para a educação pública. Os recursos estruturais, digitais e aqueles que fomentam a formação docente continuada são os que proporcionam um letramento midiático e uma melhor adequação da educação aos mecanismos, favorecendo assim, novas leituras para uma nova consciência crítica.

Compreender, de forma reflexiva, o papel da tecnologia e sua função é um desafio a ser efetivado na práxis educativa e possibilita ao educador novas possibilidades de interação.

---

9   BRITO, G. S.; FERREIRA, J. L. Tecnologias na educação presencial e a distância em tempos de cibercultura: a formação do professor. In: BRITO, G. S. (Org). Cultura, escola e processos formativos em educação: percursos metodológicos e significativos. Rio de Janeiro: BG Business Graphics Editora, 2020, p. 78. Disponível em: <https://businessgraphics.com.br/wp-content/uploads/2020/12/CULTURAESCOLA-E-PROCESSOS-FORMATIVOS-EM-EDUCACAO.pdf> Acesso em: 30 mar. 2023.

10   SÁ, R. A; LUIZ, L. S.; SANTOS, T. W. Investigação complexa sobre os processos de formação e integração das tecnologias e mídias digitais na educação. In: BRITO, G. S. (Organizadora). Cultura, escola e processos formativos em educação: percursos metodológicos e significativos. Rio de Janeiro: BG Business Graphics Editora, 2020. Disponível em: <https://businessgraphics.com.br/wp-content/uploads/2020/12/CULTURAESCOLA-E-PROCESSOS-FORMATIVOS-EM-EDUCACAO.pdf> Acesso em: 30 mar. 2023.

Considerações finais

Diante do embasamento teórico e da pesquisa realizada, apesar desta temática ser algo que abarca o universo educativo em diferentes momentos ao longo de sua trajetória, as questões ligadas ao processo pandêmico da COVID-19 emergiram e aprofundaram novas necessidades e outras possibilidades de análises. Tal reordenação permitiu que se ultrapassasse aquilo que, aparentemente, efetiva-se como solução imediata, requerendo reflexão contínua para o real letramento midiático e tecnológico.

Ouvir o professor também possibilitou um olhar diferenciado. Partir do diálogo pressupõe a escuta interativa para refletir acerca da práxis educativa, o que direcionou a proposta deste trabalho e também integrou a disciplina que deu origem à caminhada. Ribeiro[11] sinaliza que todos os caminhos percorridos nos possibilitam compreender o real lugar da fala. Nesta pesquisa, fizemos uso de seu pensamento para compreender o lugar da fala desses docentes, qual o seu entendimento sobre o tema e quais são as fragilidades que emergem a partir disto.

As diferentes leituras, necessárias à compreensão de mundo, conforme Freire[12], trazem a necessidade de uma postura crítica, aberta e radical, o que remodela a atuação docente. Internalizar as múltiplas leituras acerca da tecnologia e o seu uso no processo educativo colabora com a formação continuada do docente, possibilitando a

---

11   RIBEIRO, D. O que é o lugar da fala? Letramento: Justificando. Belo Horizonte, 2017.
12   FREIRE, P. Pedagogia da esperança: um reencontro com a pedagogia do oprimido. Paz e Terra: Rio de Janeiro, 1997.

esse profissional aprofundar seus conhecimentos e realizar o uso consciente de tais mecanismos.

Certamente, o período pandêmico foi um desafio e um momento conturbado para professores e alunos, deixando sequelas na aprendizagem dos estudantes, mas também despertou diversas inquietações, dentre elas, o real papel da escola e o caráter necessário e não contestável do ensino presencial para a Educação Básica. Assim, ressaltou a necessidade de formação continuada no que tange ao uso das tecnologias educacionais para uma melhor atuação, levando em consideração que esse será o rumo dos próximos anos, tendo em vista que a inserção de tecnologias, apesar de apresentar-se fragmentada, direciona a caminhada no âmbito didático, escolar, pedagógico.

Além disso, permite-nos ponderar que a formação docente continuada necessita da fala, do diálogo permanente, da escuta ativa e da atenção ao local de fala desses professores, da qualidade do processo educativo não imediatista, que foge ao uso da tecnologia em sua vertente mercadológica e meramente instrumental. Diante de tal panorama, cabe-nos enfatizar que tais questões são imprescindíveis a debates e aprofundamentos para que seja possível a permanente construção de um processo educativo consciente, que busque a reflexão constante por parte de nossos professores e alunos.

7

Escuta no processo acadêmico:
a relação orientador/orientando na pós-graduação

Najara Escarião Agripino

Resumo

O presente estudo é fruto do trabalho final da disciplina "**Escuta, Curiosidade e Amor**", ministrada no âmbito do PPG-HCTE da UFRJ. O trabalho é caracterizado como uma pesquisa de campo com abordagem qualitativa e tem como objetivo central investigar a percepção de pós-graduandos em fase de desenvolvimento da dissertação sobre a escuta no processo de orientação das pesquisas por parte de seus orientadores. Como instrumentos de coleta de dados foram utilizados um questionário e um roteiro de entrevista semiestruturado aplicados via whatsapp. Foram ouvidos quatorze estudantes. Os achados indicam que majoritariamente os alunos possuem alinhamento com seus orientadores e facilidade no processo de orientação de seus trabalhos, enquanto uma parte menor dos estudantes que relatam dificuldades de alinhamento, sentiram-se invalidados enquanto pesquisadores, excluídos do processo de definição do tema de pesquisa e demonstraram dificuldades no diálogo e escuta. Concluiu-se que, embora as competências técnicas e afinidade acadêmica sejam importantes para os orientandos de acordo com a literatura internacional, na pesquisa, as características pessoais dos orientadores, como facilidade no estabelecimento do diálogo e escuta, foram apontadas como os fatores de maior impacto na perspectiva dos mestrandos sobre o desenvolvimento do trabalho e sentimentos sobre a pós-graduação.

Palavras-chave: Escuta; Pós-Graduação; Orientação Acadêmica

Introdução

O ingresso na pós-graduação em nível de mestrado e doutorado é uma conquista que traz inúmeras implicações na vida do ingressante, e requer sacrifícios e mudanças de rotina. Em uma breve revisão da literatura, constata-se que muito se tem falado sobre o estresse na pós-graduação, tanto pela perspectiva do pós-graduando, quanto pela perspectiva dos professores e demais profissionais técnicos. No entanto, ainda são pouco expressivas as pesquisas que se propõem a investigar os aspectos que envolvem o processo de orientação, bem como o relacionamento entre orientador e orientandos.

De acordo com Brolezzi[1] os orientadores são sujeitos que interagem de forma singular, intersubjetiva e complexa com seus orientandos, sendo dessas relações que derivam grande parte da produção acadêmica do país. No entanto, essa produtividade está atrelada à condição do estabelecimento de um relacionamento propício e efetivo para a geração de conhecimentos. Por essa razão, o autor supõe que, ao renunciarem às suas funções, os atores podem provocar rupturas nesse relacionamento, influenciando de forma negativa o processo de construção e qualidade dos trabalhos. Dessa forma, observa-se que o processo de construção do conhecimento não é uma atividade individual, e sim de colaboração entre os sujeitos professor orientador e aluno orientando.

---

[1] BROLEZZI, A. C. Empatia na Relação Aluno/Professor/Conhecimento. Revista de Psicologia, v. 17, n. 27, p. 1-21, 2014.

Um estudo realizado por Leite Filho e Martins[2], com pós-graduandos em contabilidade da USP, PUC-SP e FECAP, identificou que os orientadores tendem a valorizar características técnicas dos orientandos no processo de escolha, enquanto os orientandos valorizam características afetivas e pessoais dos orientadores. Ademais, o estudo indica que a falta de sistematização, apoio, feedback e a autocracia do ambiente infligem nos orientandos sentimentos de angústia, insegurança e solidão.

Percebe-se desse modo, a carência por parte dos orientandos em compartilhar seus temores e insegurança com seus orientadores ao mesmo tempo em que buscam nesses professores um apoio para concluir uma etapa importante e decisiva em suas trajetórias acadêmicas. É nesse ponto que se identifica a escuta como prática docente necessária para ressignificar os papéis professor-orientador e docente-pesquisador, uma vez que o objetivo desta relação não deve se restringir aos aspectos acadêmicos, mas, também, em promover um espaço mais humanizado e propício ao desenvolvimento pleno do conhecimento.

A escuta como prática docente tende a facilitar o diálogo na relação professor/aluno, uma vez que, ao inserir o discente no centro das relações, proporciona maior compreensão do indivíduo e consequentemente contribui para a sua aprendizagem. Ao diminuir a assimetria na hierarquia desse relacionamento, as responsabilidades podem ser partilhadas, tornando o processo mais dinâmico,

---

[2] LEITE FILHO, G. A.; MARTINS, G. A. Relação orientador-orientando e suas influências na elaboração de teses e dissertações. Rev. Administração de Empresas, v. 46 (Ed. Esp.), 99-109, 2006. doi: 10.1590/S0034-75902006000500008.

colaborativo e motivacional, sempre que, para isso, estejam dispostos ao diálogo e à escuta.

É verdade que os professores, de um modo geral, não são formados para escutar, enquanto também são cobrados pela produtividade e desempenho, não estando muitas vezes disponíveis para interagir de forma qualitativa com seus orientandos. Visto as dificuldades enfrentadas tanto pelos docentes quanto pelos pós-graduandos, e considerando a importância dessa trajetória, o artigo apresenta como problemas norteadores: Qual a importância da escuta no processo de orientação na pós-graduação? Qual a percepção dos pós-graduandos sobre a escuta pelos seus orientadores?

Com base nos questionamentos, propõe-se como objetivo de pesquisa investigar a percepção de pós-graduandos em fase de desenvolvimento da dissertação sobre a escuta no processo de orientação das pesquisas por parte de seus orientadores. O trabalho encontra-se organizado em apontamentos teóricos, os quais abordam a relação orientador-orientando na pós-graduação e escuta como prática pedagógica, em seguida são apresentados os percursos metodológicos, avançando para apresentação e discussões dos resultados, finalizando com as últimas considerações.

Apontamentos teóricos

A orientação acadêmica é a principal etapa da relação pedagógica estabelecida entre orientador e

Um estudo realizado por Leite Filho e Martins[2], com pós-graduandos em contabilidade da USP, PUC-SP e FECAP, identificou que os orientadores tendem a valorizar características técnicas dos orientandos no processo de escolha, enquanto os orientandos valorizam características afetivas e pessoais dos orientadores. Ademais, o estudo indica que a falta de sistematização, apoio, feedback e a autocracia do ambiente infligem nos orientandos sentimentos de angústia, insegurança e solidão.

Percebe-se desse modo, a carência por parte dos orientandos em compartilhar seus temores e insegurança com seus orientadores ao mesmo tempo em que buscam nesses professores um apoio para concluir uma etapa importante e decisiva em suas trajetórias acadêmicas. É nesse ponto que se identifica a escuta como prática docente necessária para ressignificar os papéis professor-orientador e docente-pesquisador, uma vez que o objetivo desta relação não deve se restringir aos aspectos acadêmicos, mas, também, em promover um espaço mais humanizado e propício ao desenvolvimento pleno do conhecimento.

A escuta como prática docente tende a facilitar o diálogo na relação professor/aluno, uma vez que, ao inserir o discente no centro das relações, proporciona maior compreensão do indivíduo e consequentemente contribui para a sua aprendizagem. Ao diminuir a assimetria na hierarquia desse relacionamento, as responsabilidades podem ser partilhadas, tornando o processo mais dinâmico,

---

[2] LEITE FILHO, G. A.; MARTINS, G. A. Relação orientador-orientando e suas influências na elaboração de teses e dissertações. Rev. Administração de Empresas, v. 46 (Ed. Esp.), 99-109, 2006. doi: 10.1590/S0034-75902006000500008.

colaborativo e motivacional, sempre que, para isso, estejam dispostos ao diálogo e à escuta.

É verdade que os professores, de um modo geral, não são formados para escutar, enquanto também são cobrados pela produtividade e desempenho, não estando muitas vezes disponíveis para interagir de forma qualitativa com seus orientandos. Visto as dificuldades enfrentadas tanto pelos docentes quanto pelos pós-graduandos, e considerando a importância dessa trajetória, o artigo apresenta como problemas norteadores: Qual a importância da escuta no processo de orientação na pós-graduação? Qual a percepção dos pós-graduandos sobre a escuta pelos seus orientadores?

Com base nos questionamentos, propõe-se como objetivo de pesquisa investigar a percepção de pós-graduandos em fase de desenvolvimento da dissertação sobre a escuta no processo de orientação das pesquisas por parte de seus orientadores. O trabalho encontra-se organizado em apontamentos teóricos, os quais abordam a relação orientador-orientando na pós-graduação e escuta como prática pedagógica, em seguida são apresentados os percursos metodológicos, avançando para apresentação e discussões dos resultados, finalizando com as últimas considerações.

Apontamentos teóricos

A orientação acadêmica é a principal etapa da relação pedagógica estabelecida entre orientador e orientando ao longo da pós-graduação e trata-se de um processo que, embora possua como características gerais a dinamicidade e a relação interpessoal, possui singularidades e subjetividades em cada interrelação firmada, e se estabelecerá em níveis distintos[3].

Em sua pesquisa sobre a temática, Armstrong[4] discutiu os efeitos do perfil cognitivo e interpessoal dos atores sobre a qualidade do processo de orientação na pós-graduação e concluiu que o sucesso do trabalho depende de fatores predominantes, sendo eles: padrões e habilidades de comunicação, padrão de interatividade, honestidade, capacidade de exercer influência, subordinação leal, empatia, inteligência, respeito, personalidade, obrigação mútua, educação e dominação. Desta feita, a interação orientador-orientando estaria inserida em uma perspectiva muito mais ampla do que a acadêmica, abrangendo as discussões sobre relacionamentos humanos.

Ao mesmo tempo, o estudo realizado por Rodrigues, Fleith e Alves[5] indicou elementos condicionantes que promovem interações de natureza acadêmica e não acadêmica nessa relação, sendo os de natureza acadêmica: afinidade acadêmica, preparo, interesse, formalidades acadêmicas, rituais acadêmicos e competência na área,

---

3 VIANA, C. M. Q. Q.; VEIGA, I. P. A. O diálogo acadêmico entre orientadores e orientandos. Educação, v. 33, n. 3, p. 222-226, 2010.

4 ARMSTRONG, S. J. The impact of supervisors' cognitive styles on the quality of research supervision in management education. British Journal of Educational Psychology, v. 74, n. 4, p. 599-616, 2004. doi: 10.1348/0007099042376436.

5 RODRIGUES JÚNIOR, J. F.; FLEITH, D. S.; ALVES, K. M. B. A dissertação de mestrado: um estudo sobre as interações entre o orientador e o orientando com base em incidentes críticos. Revista Brasileira de Estudos Pedagógicos, v. 74, n. 177, p. 437-463, 1993. doi: 10.24109/2176-6681.rbep.74i177.1205.

e os de natureza não acadêmica: afinidade pessoal, disponibilidade de tempo e problemas pessoais.

Diferentemente de outros processos de ensino e aprendizagem na educação superior, a orientação na pós-graduação não se limita apenas à produção adequada de uma dissertação ou tese, mas, também, à formação do estudante em um pesquisador independente[6].

Viana e Veiga[7] complementam que o sucesso da orientação depende do diálogo, dedicação, organização, disciplina, interesse, satisfação, associados ao compromisso e responsabilidade de ambos, sendo necessário a autoavaliação das partes.

Por sua vez, Valente, Almeida e Geraldini[8] chamam a atenção para a importância do uso de novas metodologias como estratégias pedagógicas que inserem os educandos no centro do processo de ensino e aprendizagem alterando a ordem tradicionalmente imposta pelos modelos pedagógicos que tinham na figura do professor o foco do processo educacional.

Sobre isso, salienta-se que a prática da escuta pode ser tida como um novo método ativo de ensino-aprendizagem, uma vez que a educação se torna mais centrada no aluno e pauta a aprendizagem nas perspectivas,

---

[6] GRANT, B. Mapping the pleasures and risks of supervision. Discourse, v. 24, n. 2, p. 175-190, 2003. doi: 10.1080/01596300303042.

[7] VIANA, C. M. Q. Q.; VEIGA, I. P. A. O diálogo acadêmico entre orientadores e orientandos. Educação, v. 33, n. 3, p. 222-226, 2010.

[8] VALENTE, V. A.; ALMEIDA, M. E. B.; GERALDINI, A. F. S. Metodologias Ativas: das concepções às práticas em distintos níveis de ensino. Revista Diálogo Educacional, v. 17, n. 52, p. 455-478, 2017.

experiências e necessidades do educando, adaptando o processo de orientação acadêmica ao perfil de cada pós-graduando.

Percurso metodológico

O estudo trata-se de uma pesquisa de campo com abordagem qualitativa e abrangeu alunos de pós-graduação em Administração - nível de mestrado - de uma universidade federal localizada no município de Campina Grande-PB, em fase de desenvolvimento da dissertação.

O estudo foi guiado pelos padrões éticos de pesquisa, com a garantia da participação voluntária, anonimização (adotamos pseudônimos para assegurar a confidencialidade), e direito de desistência. Foram abordados os 20 alunos do programa em fase de qualificação/defesa. Após explicados os procedimentos, um dos pós-graduandos desistiu de participar da pesquisa por alegar estar emocionalmente abalado com sua experiência na pós-graduação, não sendo possível falar sobre sua relação com o orientador, e cinco alegaram falta de disponibilidade de tempo para a entrevista, restando quatorze discentes com perfil para o estudo.

A coleta de dados se deu em duas etapas: a primeira foi a aplicação de um questionário a partir da plataforma Google Forms, com objetivo de traçar o perfil da população pesquisada e situação acadêmica. A segunda consistiu em uma entrevista semiestruturada, realizada também de modo online, por meio do aplicativo Whatsapp, entre os dias 07 e 13 de fevereiro de 2023, com cinco mestrandos em fase de qualificação e nove mestrandos em fase de defesa da dissertação.

A pesquisa se deu de forma remota, uma vez que parte dos pós-graduandos estavam em cidades e mesmo estados distantes da universidade em que cursam o mestrado, inviabilizando assim o contato presencial.

As entrevistas foram realizadas por áudio e tiveram em média quinze minutos de duração. O roteiro foi elaborado com base nas experiências da pesquisadora com a pós-graduação e nos diálogos ao longo da disciplina "**Escuta, Curiosidade e Amor**" do Programa de Pós-Graduação em História das Ciências e das Técnicas e Epistemologia (UFRJ). A Tabela 1 apresenta o perfil dos entrevistados.

Tabela 1 – Perfil dos Participantes da Pesquisa

Participantes	Faixa Etária	Ocupação	Recebimento de Bolsa	Fase
Pedro	26-35	Só estuda	Durante todo o mestrado	Defesa
Ana	32-37	Trabalha e estuda	Não	Defesa
Carol	32-37	Só estuda	Durante todo o mestrado	Defesa
Iza	32-37	Trabalha e estuda	Não	Defesa
Erica	44-49	Trabalha e estuda	Não	Defesa
Francisca	44-49	Trabalha e estuda	Não	Defesa
Rita	26-31	Só estuda	Durante todo o mestrado	Qualificação
Laura	32-37	Trabalha e estuda	Não	Qualificação
Letícia	26-31	Só estuda	Durante todo o mestrado	Qualificação
João	32-37	Trabalha e estuda	Não	Qualificação
Júnior	26-31	Trabalha e estuda	Durante o primeiro ano do mestrado	Defesa
Alison	26-31	Só estuda	Não	Qualificação
Estela	26-32	Trabalha e estuda	Durante o primeiro ano do mestrado	Defendeu recentemente
Mônica	26-31	Só estuda	Não	Defendeu recentemente

Fonte: Dados da pesquisa (2023).

Conforme a Tabela 1, a pesquisa abrangeu apenas os discentes que já haviam cumprido os créditos do programa e estavam em fase de elaboração da dissertação. Dos alunos entrevistados, dois haviam defendido o trabalho recentemente e ainda possuíam vínculo institucional e somente quatro eram bolsistas integrais.

Para a etapa da entrevista foi aplicado um roteiro com cinco perguntas, as quais foram organizadas em categorias acadêmicas: afinidade acadêmica; e de natureza não acadêmica: diálogo, escuta e satisfação com o trabalho. As categorias foram definidas com base na literatura. O objetivo foi relacionar a percepção dos orientandos sobre a escuta na orientação acadêmica com a satisfação com o trabalho e formação para pesquisa.

A análise dos resultados segue a estrutura proposta por Bardin[9], a qual é organizada em três etapas: 1) pré-análise; 2) exploração do material, categorização ou codificação; 3) tratamento dos resultados, inferências e interpretação. As categorias da pesquisa foram analisadas individualmente confrontando as respostas dos pós-graduandos com a literatura sobre o tema.

Apresentação e discussão dos resultados

Com vistas à melhor compreensão da realidade dos discentes, buscou-se identificar alguns pontos importantes sobre a sua trajetória acadêmica, como solicitação de dilatação de prazo e mudança de orientação. Os dados foram obtidos na etapa inicial da pesquisa com a aplicação do questionário e estão expostos na Tabela 2.

---

[9] BARDIN, L. Análise de conteúdo. São Paulo: Edições 70, 2011.

Dos quatorze entrevistados, quatro afirmaram solicitar dilatação de prazo, um deles por questões emocionais que comprometeram a produtividade. Nenhum participante solicitou mudança de orientador, porém seis consideraram essa possibilidade e o principal motivo foi falta de alinhamento com os orientadores.

Tabela 2 – Situação Acadêmica dos participantes

Participantes	Solicitou Dilatação	Pensou em mudar de orientador
Pedro	Não	Não
Ana	Não	Não
Carol	Não	"Sim. Porque às vezes me sinto insegura"
Iza	Não	"Me sentia um pouco só, algumas vezes meio perdida. Via que outros colegas recebiam mais suporte e achei que, assistida por outro orientador, eu poderia melhorar meu desempenho."
Erica	Não	Não
Francisca	Sim, por dificuldades na coleta de dados	"Mudaria por achar que a forma de orientar poderia ser outra. Mas o processo de mudança é mais dificultoso que a permanência [com o mesmo orientador]"
Rita	Não	Não
Laura	Não	Não
Letícia	Não	"Sim, devido ao meu orientador não me dar a devida atenção"
João	Não	"Sim, para entrar em uma linha de pesquisa que fosse mais próxima [dos meus interesses]"
Júnior	Sim, por dificuldades no desenvolvimento da pesquisa, na orientação e perda da bolsa	"Pensei por não conseguir desenvolver o que foi alinhado e perceber que poderia ter sido melhor orientado por outro orientador".
Alison	Não	Não
Estela	Sim, por doença	Não
Mônica	Sim, dificuldades na coleta dos dados	Não

Fonte: Elaboração própria (2023).

Categorias acadêmicas

Inicialmente questionou-se sobre a afinidade acadêmica com o orientador. Verificar a existência da afinidade acadêmica entre as partes é importante para identificar variáveis que possam comprometer o diálogo entre os envolvidos.

Embora em sua maioria os estudantes tenham relatado boa afinidade, três deles (Júnior, João e Francisca) afirmaram não possuir, sendo esse um dos motivos de insatisfação com o programa. É válido ressaltar que dos alunos que afirmaram não possuir afinidade acadêmica com o orientador, dois precisaram de prorrogação do prazo (Júnior e Francisca) e todos pensaram em mudar a orientação. Destacamos aqui a fala do aluno Júnior que está no período de prorrogação para defesa:

> [...] de início parecia que o tema era similar, né? a proposta de pesquisa com minha ideia de pesquisa. Mas depois fui percebendo que a ideia de pesquisa talvez seria mais trabalhada, melhor compreendida por algum orientador específico do tema em que fui trabalhar. Porque na verdade, a ideia era fazer uma pesquisa mais quantitativa, mais detalhada, e ao se desenvolver esse estudo, né? [...], esse projeto não foi tomando os caminhos que se alinhavam com o do orientador, ou também com o que eu propunha e por não ter esse desempenho favorável nem para um lado e nem para o outro talvez essa afinidade não tenha sido tão clara (Júnior).

Com base na percepção do aluno, a ausência de afinidade com o orientador fez com que um tema que era comum às partes se tornasse um ponto de divergência, uma vez que os rumos do trabalho ficaram confusos para ambos. O ponto principal de divergência teria sido a estrutura e escolha dos procedimentos metodológicos. Oliveira[10] esclarece que a satisfação com a orientação, bem como, a qualidade das interações com o orientador pode ser melhorada uma vez que exista similaridade cognitiva entre ambos. Para isso, é importante ressaltar a disponibilidade em se adaptar ao outro e tentar buscar pontos de convergência

---

[10] OLIVEIRA, A. S. Relação Orientador-Orientando e a Teoria das Relações Interpessoais de Robert Hinde. 130 f. Dissertação (Mestrado em Educação), Universidade Católica de Brasília, 2006.

para contornar as divergências.

Categorias não acadêmicas

Conforme Severino[11], a orientação é um processo que exige uma interação dialógica entre os envolvidos, na qual seja abolida toda forma de submissão ou opressão. Desta feita, buscou-se compreender melhor esse relacionamento, questionando os orientandos sobre a sua percepção quanto ao diálogo com seus orientadores.

Sobre essa questão, nove dos entrevistados relataram estabelecer um bom diálogo com seus orientadores, como destacado na fala da Letícia:

> [...] o diálogo que eu tenho com ela é só durante aí, as reuniões e às vezes de maneira informal fora de horário de reunião. Mas assim, quando temos diálogo eu tiro todas as minhas dúvidas e ela me orienta (Letícia).

As falas da Letícia e demais oito entrevistados esclarecem que a relação é boa, mas restrita à orientação do trabalho, não havendo envolvimento pessoal. Para os mestrandos Iza, Carol, João, Francisca e Júnior, embora exista uma abertura para o diálogo e bom relacionamento com seus orientadores, existem ressalvas relacionadas a conversação e escuta, como expressa pela Iza:

> Então, eu achei mais desafiador no começo, porque eu estava extremamente perdida, não tinha uma noção muito exata do que se esperava de mim enquanto pesquisadora nesse processo de mestrado e... às vezes eu tinha por exemplo, uma dúvida sobre uma questão metodológica,

---

[11] SEVERINO, A. J. Metodologia do Trabalho Científico. 22 ed. São Paulo: Cortez, 2002.

> e... meio que era passado pra mim essa necessidade do correr atrás, do buscar... e não que eu não quisesse fazê-lo, mas eu sentia um pouco falta desse direcionamento mesmo, [...], me parecia ser meio que um abandono, né? [...]. E outro desafio que eu acho que é muito grande, é [...] com relação a escuta, às vezes eu ia começar a defender uma ideia sobre o meu trabalho, e antes que eu dissesse as primeiras dez palavras, ela [a orientadora] já tinha uma resposta pronta e já... às vezes derrubava aquilo que eu ia falar e quando ela terminava o argumento eu falava: 'porque não era sobre isso que eu ia falar, então, a senhora deixa eu falar aquilo que eu gostaria de expor, para depois a gente analisar se é viável ou não?'. Então a gente tem esse pouco de dificuldade. [...] e a gente sabe que isso atrapalha um pouco o processo de escuta (Iza).

Conforme a Iza, a fase mais difícil desse processo foi o estabelecimento do diálogo inicial e definição de uma proposta de pesquisa, mesmo ponto levantado pelos mestrandos Júnior, João, Francisca e Carol. Para esses pesquisadores, encontrar um tema comum de interesse e ter suas ideias sobre a condução da pesquisa aceitas por seus orientadores, foi um processo difícil e insatisfatório, o que os levou a considerar inclusive a mudança de orientação.

Então, embora para Armstrong[12] os aspectos técnicos sejam os mais importantes para os orientandos do que os fatores pessoais dessa relação, para esses alunos as características pessoais dos orientadores, como facilidade no estabelecimento do diálogo e escuta, também interferiram no desenvolvimento da pesquisa e sobre os seus sentimentos em relação à pós-graduação. Para esses cinco mestrandos, mesmo trabalhando um tema comum

---
[12] ARMSTRONG, S. J. The impact of supervisors' cognitive styles on the quality of research supervision in management education. British Journal of Educational Psychology, v. 74, n. 4, p. 599-616, 2004. doi: 10.1348/0007099042376436.

de interesse com seus orientadores, ainda assim, não se sentiram plenamente ouvidos ou considerados nesse processo.

Complementarmente a essa questão, o estudo buscou especificamente verificar a percepção dos orientandos sobre a escuta por parte dos seus orientadores. Em sua maioria, os alunos avaliam o processo de escuta positivamente. Os mestrandos João e Júnior, por exemplo, indicaram que, superadas as dificuldades iniciais de diálogo, ao longo da pesquisa a escuta na orientação se tornou satisfatória, indicando que a maior dificuldade para eles, estava na afinidade acadêmica, o que interferiu no diálogo entre as partes. Já as mestrandas Estela, Carol, e Iza reforçaram as dificuldades que estão relacionadas a escolha da proposta do estudo e autonomia no processo de desenvolvimento da pesquisa:

> Em relação a isso [a escuta] eu fiquei bastante, é... eu fiquei bastante assim... engessada [suspiro]. Porque ela já tinha, né? a... o tema... assim, que ela queria que eu escrevesse. [...] como ela propôs o tema pra mim [...], então eu só segui, sabe? E o que eu tinha dúvida ela me respondia com... com... assim, com clareza. Então eu... eu não tinha muito essa questão de... é... de dúvida... de... tipo, um posicionamento meu diferente do dela... porque era meio que eu tava [sic] [...] seguindo o posicionamento dela (Estela).

Assim, embora tenha prevalecido a proposta da orientadora na maior parte do processo, a Estela afirma ter concordado e entendido a proposta da sua orientadora como uma melhor alternativa para a realização do trabalho, no entanto, considerou ter sido pouco ouvida e com pouco protagonismo nas decisões sobre a dissertação. Resposta semelhante deram as alunas Carol e Iza.

Ainda com relação às alunas que indicaram sentir-se pouco consideradas/ouvidas no processo de orientação, apenas a Carol e a Iza consideraram a mudança de orientação. Para essas alunas, não apenas a falta de escuta, mas as dificuldades de diálogo de um modo geral com seus orientadores, despertaram sentimento de insegurança quanto a qualidade do trabalho e o suporte recebido para o desenvolvimento da pesquisa.

É importante salientar que durante a entrevista o aluno Júnior por diversas vezes manifestou insatisfação com o processo de orientação do trabalho, mas ficou claro que a dificuldade estava na afinidade acadêmica e não no diálogo e escuta:

> *Sempre que eu coloquei como eu pensava... o que deveria ser... é... minha orientadora, ela... acatou, né? Sempre ela procurou permitir que eu desenvolvesse uma pesquisa em uma coisa que eu fosse familiarizado, né? pra ajudar no processo (Júnior).*

Para Moura e Giannela[13] a escuta é um ato social e dialógico que "requer abertura para reconhecer que o outro é a fonte possível de uma percepção diferenciada e tem algo a contribuir (no processo de aprendizagem, na gestão das organizações, nas políticas públicas etc.). Nesse sentido, podemos assumir desde uma atitude passiva e/ou de acolhimento". As autoras acrescentam que a escuta é facilitadora dos processos coletivos de trabalho e

---

[13] MOURA, M. S. S.; GIANNELA, V. A arte de escutar: nuances de um campo de práticas e de conhecimento. Revista Terceiro Incluído, v. 6, p. 9-24, 2016, p. 10. doi: 10.5216/teri.v6i1.40739.

organização, estabelecendo efetivamente capacidades de indagação criativa, pensamento divergente, exploração de novas opções e possibilidades não óbvias.

Com base em Moura e Giannela[14], e considerando o depoimento de nove alunos do programa, é possível considerar que os professores, em sua maioria, adotam uma postura positiva com relação à escuta dos seus orientandos e estabelecimento de parceria na execução desse processo. Enquanto os demais cinco orientadores foram apontados por seus orientandos como aqueles que assumiram o protagonismo dos trabalhos dando pouca atenção ao diálogo e preferências dos orientandos.

Entender que o desenvolvimento de um trabalho de conclusão de curso é um esforço em dupla, às vezes trio, é primordial para o bom relacionamento entre as partes. No entanto, como uma conduta recorrente na pós-graduação, alguns orientadores ainda aproveitam seus orientandos para execução de pesquisas do seu interesse pessoal, desconsiderando a identidade de pesquisador e as escolhas dos orientandos sobre seus trabalhos.

Ainda sobre a escuta, os orientandos foram questionados sobre como avaliam a importância da escuta no processo de orientação. Todos os pós-graduandos avaliam como de suma importância para o desenvolvimento eficiente e satisfatório.

> [...] eu acho que é importantíssimo, então, desde o início ali, começou o primeiro período já ter o primeiro contato, tentar fazer o máximo com que o orientador faça o

---
14 Idem.

> *processo de mentoria mesmo, porque... o que eu percebo é que quando nós chegamos no mestrado, principalmente se nós já estamos saindo diretamente da graduação e entrando no mestrado, é... falta esse entendimento de como funciona as coisas [sic], né? e... Como o orientador, o professor, ele está à frente do aluno... daquela proposta de mestrado, ele que deve moldar o perfil do aluno, eu vejo assim. Então é como se fosse um mentor mesmo, era para existir esse processo de mentoria, né? para personalizar o aluno ali. É... não sei falar no caso, assim... de pessoas que já vêm de outros programas, que já tem mestrado... estou falando do caso específico de quem está saindo da graduação, como no meu caso (Júnior).*

Consoante à percepção do Júnior, os orientandos destacaram a importância do diálogo em todo o processo de desenvolvimento do trabalho, mas sobretudo no momento de ingresso na pós-graduação e decisões iniciais sobre a pesquisa, para evitar insatisfação e até mesmo sentimento de abandono.

O ingresso na pós-graduação costuma ser o momento em que os alunos se encontram mais vulneráveis e carentes de acompanhamento para definição de seus interesses de pesquisa e identidade enquanto pesquisadores.

Já quanto à principal dificuldade enfrentada durante o desenvolvimento da dissertação, os entrevistados apontaram a limitação de tempo e rotina pessoal, no sentido de conciliação do mestrado com a rotina de trabalho ou familiar, apenas o Júnior, João, Francisca e Letícia apontaram a orientação:

> *No momento tá [...] sendo em relação à orientação, porque tô [...] tendo pouca orientação. Mas mesmo assim quando eu tenho ela tira as minhas dúvidas mas mesmo assim eu acho pouco, entendeu? No sentido, porque ela*

> tem muitas coisas pra [...] fazer, muitos orientandos para orientar, aí às vezes ... quando a gente marca uma reunião, às vezes desmarca por outro compromisso, entendeu? Essas coisinhas assim. Aí a pessoa fica... tentando marcar uma reunião com ela toda semana e às vezes desmarca, sabe? O único problema é isso. [...] Minha maior dificuldade é tempo, que ela não tem muito tempo para dar uma orientação, o suporte necessário [...] (Letícia).

Para as demais mestrandas, assim como para a Laura, a maior dificuldade tem sido em conciliar a rotina com o tempo de dedicação necessários para as atividades do mestrado:

> Como eu tô [sic] bem no comecinho ainda, a minha maior dificuldade não tem sido em relação ao orientador. A minha maior dificuldade tem sido em relação a mim mesma, eu tô [sic] na fase de revisão sistemática da literatura e é uma fase... é... extremamente cansativa, minuciosa. E como eu, além de fazer mestrado, trabalho e tenho um filho pequeno, então meu tempo é reduzido. Então, essa tem sido a minha maior dificuldade, não tem relação com a minha orientação e sim comigo mesma (Laura).

Embora não seja objetivo do trabalho discutir a relação pessoal e acadêmica dos alunos e as pressões impostas sobretudo às mulheres em uma jornada dupla (às vezes tripla) de conciliação das tarefas domésticas/familiares com as atribuições da pós-graduação, a fala da Laura nos abre um parêntese importante. Em Haynes e Fearfull[15] e Cherkowski e Bosetti[16], a necessidade de conciliar as demandas acadêmicas com as demandas pessoais

---

15 HAYNES, K.; FEARFULL, A. Exploring ourselves: Exploiting and resisting gendered identities of women academics in accounting and management. Pacific Accounting Review, v. 20, n. 2, p. 185–204, 2008. doi: 10.1108/01140580810892508.

16 CHERKOWSKI, S.; BOSETTI, L. Behind the veil: Academic women negotiating demands of femininity. Women's Studies International Forum, v. 45, p. 19–26, 2014. doi: 10.1016/j.wsif.2014.03.013.

podem na maioria dos casos, gerar tensões, cansaço e até mesmo depressão em alunas submetidas à grandes cargas de trabalho. A Laura, assim como outras alunas do programa administram uma rotina de trabalho, estudo e familiar o que pode comprometer sua satisfação com a realização do trabalho e diálogo com seu orientador ao longo do processo, bem como, agregar ainda mais estresse a carga mental das mulheres pós-graduandas, situação agravada pelas medidas sanitárias na pandemia da COVID-19.

> *A dificuldade que eu tive foi com a questão do tempo, né? De conciliar o mestrado com o trabalho e também com a questão da pandemia, que a gente perdeu, né? Esse contato direto lá na universidade, o que também atrapalha, acho que atrapalhou todo mundo, é... até para escrever, se concentrar e tudo o mais. É, por tudo isso e, é... pelas... dificuldades, né? Que eu passei, eu não considero satisfatório o trabalho. Porque eu poderia ter sido, muito, muito melhor. Faltou é... faltou mais engajamento, tanto da minha parte como também dela, da orientadora (Estela).*

A Estela deixa claro em sua fala como a carga de estresse provocada pela acumulação de responsabilidades agravada pela pandemia interferiram em sua motivação e satisfação com o trabalho, argumento também apresentado por Carol.

Para melhor compreensão da satisfação com a pesquisa, o estudo buscou saber como os mestrandos se sentem com relação aos seus trabalhos. Conforme respostas, dez dos estudantes se consideraram satisfeitos com suas pesquisas, enquanto quatro declararam alguma insatisfação.

> Com relação ao direcionamento da pesquisa não era o que eu esperava. [...]. É... a ideia da orientadora era de fazer no modelo de três artigos. De início eu achava muito bom, queria fazer em três artigos, mas ao mesmo tempo também queria que fosse no modelo de um artigo, modelo tradicional por achar que seria um pouco mais fácil, né? Mas por gostar de desafios eu ainda topei, aceitei, né? Mas não foi como eu esperava e até pelo motivo de agora na prorrogação vamos tentar fazer o modelo tradicional, né? [...] Acho que o que poderia ter melhorado no mestrado seria na seleção do orientador... que o colegiado tivesse o zelo de ali na hora de decidir ... de acordo com a especialidade do orientador para aquela proposta do orientando... ao máximo possível tentar entender a proposta do que o orientando quer fazer. Porque às vezes indica um orientador que não consegue entender ou ajudar o orientando. Então isso pode causar insatisfação e até desistência da pós-graduação (Júnior).

> Nesse sentido de satisfação com o trabalho, não. E outra coisa, que foi muito complicada foi a questão da qualificação. Porque um dos professores foi extremamente é... grosseiro! E isso meio que me travou para eu continuar escrevendo sobre o tema... meio que fiquei é... bloqueou sabe? O tema. Diante da forma como ele, é... me expôs no dia. Então, tudo isso culminou pra uma insatisfação no final, sabe? com o trabalho. Desmotivação, sabe? [...] (Estela).

Os entrevistados insatisfeitos apontaram a falta de identificação com a pesquisa realizada ou com os métodos escolhidos para o desenvolvimento do estudo, como apontado por Júnior. A Estela, por sua vez, além da falta de identificação, alegou trauma durante a qualificação, quando um membro da banca utilizou de palavras duras para analisar seu projeto. Para a Estela não somente a insatisfação com a orientação do trabalho, mas a insatisfação com a experiência do mestrado em si influenciaram sua percepção sobre a pós-graduação.

Allinson, Armstrong e Hayes[17] consideram que os estilos cognitivos dos orientadores podem impactar significativamente o processo de orientação. O que foi confirmado na pesquisa pelos orientandos.

Conclusão

O processo de orientação acadêmica, para além de um percurso obrigatório da pós-graduação, é o estabelecimento de relações humanas e como toda interação humana é complexa e sujeita a emoções e sentimentos. Após ouvidos e analisados os mestrandos do programa, viu-se que os achados da pesquisa convergiram em alguns aspectos com a literatura sobre o tema, indicando que embora as questões técnicas como conhecimento, e afinidade acadêmica sejam fundamentais para o desenvolvimento do trabalho, os aspectos pessoais dessa relação foram os que mais impactaram positiva e negativamente a orientação acadêmica na visão dos mestrandos investigados.

Para nove dos quatorze mestrandos entrevistados, a afinidade acadêmica e a escuta por parte dos seus orientadores contribuíram para a satisfação com o trabalho. Para dois alunos que alegaram não possuir afinidade acadêmica com seus orientadores, a facilidade de diálogo e a escuta contribuíram para contornar a situação e

---

17 ALLINSON, C. W.; ARMSTRONG, S. J.; HAYES, J. Formal Mentoring Systems: An Examination of the Effects of Mentor/Protégé Cognitive Styles on the Mentoring Process. Journal of Management Studies, v. 39, n. 8, p. 1111-1132, dez. 2002. doi: 10.1111/1467-6486.00326.

superar as dificuldades iniciais. Já para a Francisca, que também apontou falta de afinidade acadêmica, a linha de pesquisa, divergências quanto à visão sobre o trabalho e as dificuldades no diálogo configuraram pontos de insatisfação com a orientação e condução da pesquisa que persistiram até a fase final de elaboração do trabalho.

Quanto às duas alunas que consideraram não ter suas visões sobre o trabalho consideradas, mesmo havendo afinidade acadêmica e pontos de convergência com suas orientadoras, o sentimento de invalidação comprometeu a relação e a satisfação com o resultado final da dissertação.

A partir desses resultados, entende-se que o diálogo e a escuta, especialmente no ingresso na pós-graduação e decisões iniciais sobre a pesquisa, interferiram diretamente na satisfação com o trabalho e sobre os sentimentos em relação ao mestrado. Especificamente sobre a escuta, os alunos que não se consideraram ouvidos, demonstraram insatisfação e até mesmo frustração com a produção de suas dissertações, sentindo-se invalidados em suas identidades enquanto pesquisadores.

Nesse ponto, chama a atenção a postura passiva dos estudantes insatisfeitos, que, embora considerando a possibilidade de mudança de orientação, decidiram permanecer com seus orientadores no lugar de buscar solucionar o problema. O que nos leva a questionar se de fato não houve espaço para escuta por parte dos orientadores, ou se os mestrandos não souberam se fazer ouvir, preferindo o comodismo ao protagonismo na realização das pesquisas.

Ainda foi visto que a afinidade acadêmica por si só não é o suficiente para a condução de um bom trabalho de orientação, ao passo que a ausência de um bom diálogo, escuta empática e o não saber fazer-se ouvir estão diretamente relacionadas com a insatisfação na relação orientador-orientando.

Conclui-se então, que mesmo havendo afinidade acadêmica, quando não há escuta, a orientação pode ser um processo pouco efetivo e até mesmo desmotivador. Desta feita, a afinidade acadêmica aliada a boa comunicação são fundamentais para o desenvolvimento das pesquisas na pós-graduação. Para isso, ambas as partes devem estar comprometidas com o bom diálogo.

Como contribuições, o estudo traz uma reflexão crítica sobre um aspecto importante e negligenciado na pós-graduação, ao discutir os aspectos pessoais e não acadêmicos que afetam as relações na orientação acadêmica. Já quanto às limitações e pesquisas futuras, o recorte considerou apenas os alunos que permanecerem no mestrado para conclusão do curso, tendo sido excluídos os alunos evadidos. Pesquisas podem considerar os desistentes como leques de possibilidades para análise do diálogo e escuta e seus impactos na trajetória acadêmica desse grupo.

8

Considerações sobre a construção deste livro-ferramenta

Igor Vinicius Lima Valentim

O que **Escuta, curiosidade e amor** buscou, enquanto disciplina, foi articular três aspectos simultaneamente: modo remoto síncrono, métodos ativos como base, juntamente com princípios educacionais que se articulam à uma atenção aos valores que norteiam as relações interpessoais.

Neste livro, compartilhamos com leitores e leitoras algumas maravilhosas produções derivadas deste exercício de experimentação educacional e, ao mesmo tempo, de muita dedicação, excelência e sensibilidade de diversos estudantes de Mestrado e Doutorado.

Não é nenhum exagero afirmar que a disciplina Escuta, curiosidade e amor só existiu pela coragem de muitas pessoas que toparam a aventura e o desafio com muito rigor, dedicação, trabalho e... alegria!

Da mesma forma, este livro só foi construído porque a universidade saiu de suas paredes e os estudantes e o professor toparam viajar nesta viagem. Experimentar. Pular os muros. Ainda que apenas momentaneamente, a universidade conservadora se abriu a outras cidades, outros Estados, outras regiões, outros sotaques, outras vozes e sensibilidades em um país gigante como o Brasil: uma potência infinita, diversa, múltipla.

Após a finalização da disciplina e as apresentações dos trabalhos finais individuais, algumas pessoas demonstraram interesse em utilizarem seus trabalhos como matéria-prima para a construção de textos para que pudessem ser compartilhados no formato de um livro.

Tendo em vista que a forma de apresentação do

trabalho final era livre, havia como produtos finais vídeos, performances, apresentações em slides, poemas, cartas, minidocumentários, bem como alguns poucos textos em formato de artigo acadêmico tradicional.

A partir desse desejo, construímos um grupo com os que desejaram produzir este novo produto, agora um capítulo de livro, a partir do que desenvolveram para a disciplina, mas neste ponto já sem vinculação direta com a mesma (ela já havia sido encerrada e as notas lançadas).

O mais interessante parecia ser a produção de um livro com um fio condutor bem articulado e organicamente construído. Fizemos diversas reuniões nas quais cada um leu as produções de todos os outros, desde os resumos até os textos finais. Opinou. Trouxe sugestões. Após alguns meses, todos os textos foram revisados ao menos duas vezes e foi dada sequência à organização do material hoje aqui apresentado para o público.

É possível utilizar o ensino remoto aberto a estudantes de todo o Brasil, simultaneamente com o uso de métodos ativos, para potencializar trabalhos autorais, criativos e de qualidade, com muito mais trabalho e dedicação envolvidos.

Queremos isso?

Modificar os métodos de aprendizagem não resolverá todos os problemas da educação. Mas é um passo. Uma etapa. Não adianta trabalhar com métodos ativos enquanto continuarmos nos achando donos da verdade, única e inquestionável, ou em busca dela. A curiosidade, a escuta e o amor não combinam com verdades únicas e inquestionáveis.

Este livro é uma fonte imensa de alegria, de prazer, de tesão como dizia o Roberto Freire[1], de sinal que é possível fazer diferente, caminhar diferente, construir coisas diferentes, mesmo com todas as dificuldades que se apresentam à experimentação e ao novo.

Nos desafiamos, em plena Pós-Graduação, em cursos de Mestrado e Doutorado, a ousar. Sem aulas expositivas, sem ficar apenas lendo e debatendo textos (ainda que tenhamos feito isso bastante com o intuito de nos servir de ferramentas), a serviço de construir algo que fizesse sentido para os estudantes, para o professor e para uma direção de sociedade, mesmo dando muito mais trabalho.

**Não há educação transformadora
que seja possível
(na direção da sociedade que aqui propomos)
se for baseada na tristeza das pessoas,
na hierarquia e na submissão.**

---

[1] FREIRE, R. Sem tesão não há solução. 20. ed. São Paulo: Trigrama, 1990.

Compartilhar experiências como as que estão presentes neste livro tem também o propósito de servir de alento para os inquietos. Para os inquietos e para as inquietas das universidades neste século 21. Para aqueles que não desejam continuar reproduzindo vários modos de funcionamento acadêmicos medievais e várias relações acadêmicas medievais. Que este livro possa servir de ferramenta e de estímulo.

Muitas vezes nos sentimos sozinhos.
Nem sempre temos apoio institucional.
Nem sempre temos apoio dos próprios colegas.
Mas não estamos sozinhos.
Precisamos nos conhecer, nos ouvir, nos ler,
trocar experiências e construir mudanças
em nossos cotidianos.
Por menores que sejam,
na direção dos mundos
que façam nossos olhos brilhar
e que nos encham de alegria e tesão.
Os textos que compõem este livro
são prova viva de que é possível.

Índice Remissivo

A

abandono 125, 129

abertura 16, 24, 28, 54, 57, 124, 127

academia 24, 48, 51-53, 62-63

acadêmica 24, 33, 35-36, 53, 61, 113-114, 116-119, 121-123, 126-127, 130, 133-135

acadêmico 17, 19, 33, 46, 49-50, 61-62, 70, 111, 117-118, 139

acadêmicos 34, 45, 50, 53, 61, 85, 115, 117, 135, 141

ação 44, 47, 71, 84-85

acessibilidade 83

acesso 76, 88, 98, 101-102, 107-108

acolhimento 57, 59, 62, 127

acompanhamento 20, 129

adaptações 68

adversidades 84, 88, 91

afetamentos 81, 83

afinidade 74, 113, 117-118, 121-123, 126-127, 133-135

alegria 24, 29, 67, 138, 140-141

ambiente 33-34, 42, 46, 58-59, 75-76, 115

amor 13, 15-18, 21-22, 24-25, 31, 35, 46, 50, 67-68, 76, 98, 113, 120, 138, 140

amorosidade 81, 85

Antroposofia 71-72

aprendizagem 15, 21, 23-25, 34-35, 67, 71, 74, 76-77, 99, 104, 106-107, 110, 115, 118, 127, 140

argumento 125, 131

arte 67-68, 72, 74, 101, 127

atenção 49, 53, 98, 110, 118, 128, 134, 138

aula 26, 76, 100-102, 105-106

ausência 54, 56, 61-62, 82, 105, 123, 135

autoavaliação 118

autonomia 27, 33, 71, 75, 99-100, 126

autor 50, 84-85, 93, 114

autora 47, 67, 69, 73

aventura 15, 138

B

bem-estar 87

C

cafetinagem 24
caminho 35, 43, 47, 61, 71-72, 98
caráter 98-99, 107, 110
carência 26, 115
carinho 76
cenário 81, 84, 86, 91-92
céu 69
chão 68, 77
cibercultura 108
cicatrizes 81
cidadania 90
cidade 46, 67, 70-71, 74, 77, 81, 97, 100
ciência 39, 41-43, 45, 50, 54, 58, 60, 62, 72, 85-86
colegas 17, 21, 58-59, 141
colegiado 75, 132
coletividade 81, 107
combate 81, 86
competência 108, 117
compreensão 35, 45, 62, 97-98, 107, 109, 115, 121, 131
comprometimento 26
compromisso 29, 46-47, 118, 130
comum 26, 46, 74, 123, 125
comunicação 59-60, 97, 100, 102, 117, 135
comunidade 45, 74, 77
confiança 46
conhecimento 18-19, 23, 25, 33, 35, 41-43, 45-46, 49, 53-54, 60, 63, 76, 98, 114-115, 127, 133
conservadorismo 28
contágio 83
convergência 123, 134
coragem 67, 82, 138
Coronavírus 89
cotidiano 36, 82-83, 86, 88, 90, 92, 97
covid-19 17, 81-82, 84-86, 88-92, 100, 109
crenças 26, 45, 91
crescimento 69, 76, 106
criação 16, 67, 74
crianças 73-76, 86-87, 102
criatividade 27
crise 84, 88-89
crítica 45, 76, 84, 99-100, 108-109, 135
culpa 58

cultura 44-45, 50-51, 102, 108

curiosidade 13, 15-18, 21-27, 31, 34, 41-42, 49, 67-70, 72, 77, 81, 84-85, 97-99, 113, 120, 138, 140

currículo 72, 77

curso 22-23, 33, 42, 128, 135

D

debate 48, 90

decisões 47, 127, 129, 134

dedicação 21, 118, 130, 138-139

defesa 119-120, 123

depoimento 73, 128

desafios 17, 28, 33, 67, 83, 101-102, 132

descobertas 70

desejo 35, 46, 49, 84, 139

desempenho 116, 123

desenvolvimento 23, 57, 71, 76, 85, 99, 113, 115-116, 119, 125-129, 132-133, 135

desesperança 89

desespero 89

desigualdades 83-84

desinformações 90

desinteresse 26

desistência 119, 132

diálogo 23, 48, 74-75, 100, 109-110, 113, 115-118, 121-122, 124-129, 131, 133-135

dificuldades 23, 42, 55-56, 58, 82, 86, 90, 113, 116, 126-127, 131, 134, 140

discentes 59, 119-121

disciplina 15-23, 27, 31, 33-36, 53, 67, 85, 98, 101, 109, 113, 118, 120, 138-139

discurso 46, 61

discussões 22, 88, 90, 100-101, 116-117

dissertação 42, 113, 116-120, 123, 127, 129, 134

distância 20, 108

distanciamento 47, 83

divagações 67

divergências 124, 134

diversidade 21, 36, 49, 53, 56, 74, 83, 101

docência 67

docente 18-20, 36, 75-76, 95, 97, 99, 102-103, 105-106, 108-110, 115

dores 92

doutorado 15-18, 20, 22, 25-26, 29, 33, 41-43, 57-58, 70, 72, 114, 138, 140

dúvida 22, 85, 124, 126

E

EaD 20, 26
embate 84, 89
emoções 88, 92, 133
empatia 67, 81, 114, 117
encontros 15, 20-23, 27
energia 29
engajamento 131
entrevista 113, 119, 121, 127
envolvimento 20, 26, 124
equidade 81
equilíbrio 57-58
escolhas 47, 76, 128
escrita 55, 68, 81, 93
esforço 28, 61, 128
esperança 29, 36, 45, 84, 89-90, 109
esperançar 81, 84, 90, 92
estresse 114, 131
estrutura 43-44, 47, 50, 52, 60-61, 98, 121, 123
estudantes 15-29, 43, 51, 55, 58, 61, 110, 113, 122, 131, 134, 138-140
estudo 28, 41, 43, 61, 71-72, 82, 106, 113, 115, 117, 119, 123, 126, 131-132, 135
ética 46-47, 50-51
experiência 20, 31, 33-35, 42, 45, 49, 58, 73, 119, 132
experiências 16, 26, 28, 33, 74, 119-120, 141
experimentação 138, 140
experimentações 17, 24, 28
extramuros 28

F

federal 15, 60, 83, 85-86, 98, 119
feedback 57, 115
ferramentas 54-55, 62, 88, 140
feudos 24
finitude 82, 88
formação 42, 45, 68-69, 71, 75, 77, 95, 97, 99-100, 102-103, 105-110, 118, 121
fracasso 45, 63
fragilidades 87, 109
frustração 51, 134

G

gerencialismo 60
gestão 24, 44, 60, 75, 127

graduação 13, 15-19, 21, 24-29, 33-34, 41-43, 45, 49-50, 52-54, 56-59, 61-62, 85, 98, 111, 113-114, 116-120, 125, 128-130, 132-135, 140

gravações 88

H

híbrida 17, 27

hierarquia 75, 115, 140

hipocrisias 28

honestidade 47, 117

I

ideia 62, 123, 125, 132

identidade 128-129

ideologias 107

idolatrias 24

igualdade 101

imobilismo 90

impacto 88, 90, 113

incertezas 88-89

incidentes 117

inclusão 83

ingresso 114, 129, 134

iniciativas 60-61, 77

inquietação 74, 98-99

inquietações 43, 47, 85, 110

insatisfação 42, 74, 123, 127, 129, 131-132, 134-135

inscrição 17-19

insegurança 33, 115, 127

interesse 20-21, 23-24, 26-27, 49, 63, 74, 117-118, 125-126, 128, 138

investigação 97-99, 108

L

leituras 21, 43, 55, 60, 97, 100, 106, 108-109

liberdade 33, 48-49, 75-76

limitações 49, 60, 135

literatura 113-114, 121, 130, 133

lógica 23, 33, 43, 45, 50, 61

M

materiais 20, 22, 84

material 52, 102-104, 121, 139

memórias 35, 75, 79, 86, 91

meritocracia   45, 50

mestrado   15-18, 20, 22, 25-26, 29, 33, 41-43, 58, 114, 117, 119-120, 123-124, 129-132, 134-135, 138, 140

mestrandos   113, 120, 124-126, 131, 133-134

métodos   15-16, 20-21, 23, 25-29, 77, 132, 138-140

mudanças   22, 60, 68, 81-82, 88, 90-91, 114, 141

N

natureza   74, 76, 117-118, 121

necessidades   55, 58, 76, 99, 105, 109, 119

negacionismo   86, 89

neoliberalismo   43-45, 50

O

online   16-17, 20, 23, 41, 99, 119

organização   60, 69, 118, 128, 139

orientação   53, 57, 62, 113-114, 116-119, 121, 123-130, 132-135

orientador   111, 114-117, 119, 122-123, 128-132, 135

orientadora   57, 125-127, 131-132

orientadores   113-118, 122, 124-128, 133-134

orientador-orientando 115-117, 123, 135

orientandos   113-118, 121, 124-126, 128-130, 133

P

participação   20, 26, 44, 47, 60, 71, 104, 107, 119

partilha   98, 105, 107

pedagogia   25, 45, 67, 70-73, 84, 90, 99-100, 109

pensamento   76, 107, 109, 128

percepção   113, 116, 121, 123-124, 126-127, 129, 132

percurso   34-35, 53, 62, 119, 133

perdas 81, 86, 89, 91

permanência   56, 62

pesquisa   20, 28, 41-42, 47-49, 51, 53-55, 62-63, 97-102, 105, 107, 109, 113, 116-117, 119-121, 123, 125-127, 129, 131-134

plataforma   47, 100, 119

políticas   62, 89, 97, 127

pós-graduação 13, 15-19, 21,

24-29, 33-34, 41-43, 45, 49-50, 52-54, 56-59, 61-62, 85, 98, 111, 113-114, 116-120, 125, 128-130, 132-135, 140

possibilidades 25, 35, 51, 74, 88, 99, 101, 106, 108-109, 128, 135

potência 15, 21, 24, 138

PPG 16-19, 113

práticas 70, 74, 77, 99, 106-107, 118, 127

práxis 108-109

prazer 140

prazo 121-123

presencial 15, 26-27, 104, 108, 110, 120

pressão 50, 52, 62

produção 27-28, 43-46, 51, 53-55, 60-61, 63, 81, 85-87, 114, 118, 134, 139

produções 27, 50, 138-139

produtividade 50, 52, 114, 116, 122

produto 23, 85-86, 93, 139

produtos 27, 139

professores 25, 29, 36, 49-50, 68, 71, 75, 95, 97, 99-101, 104-107, 110, 114-116, 128, 132

professor-orientador 115

profissão 99, 106, 108

programa 15, 34, 41, 43, 49-50, 52-53, 55, 58-59, 61-62, 85, 98, 119-120, 123, 128, 131, 133

projeto 21, 123, 132

propósito 35, 48, 69, 141

protagonismo 53, 127-128, 134

proteção 45, 50, 88

Q

qualidade 23, 28, 52, 57, 69, 77, 110, 114, 117, 123, 127, 139

qualificação 119-120, 132

qualitativa 47, 54, 106-107, 113, 116, 119

quantitativa 50, 123

questionamentos 69-70, 81, 85, 103, 116

questionário 100-101, 104-105, 113, 119, 121

R

realidade 33, 51-52, 76, 83-84, 86, 91, 101, 105-106, 108, 121

reconhecimento 57

recursos 105-106, 108

rede 67, 97, 100-101

reflexão 33, 53, 63, 100,

109-110, 135

resiliência 90-91

resistência 25, 45-46

resistências 24, 97

respeito 25, 46, 76, 86, 117

responsabilidades 115, 131

reunião 124, 130

revisão 76, 114, 130

sotaques 138

subjetividades 25, 44, 61, 88, 117

sucesso 45, 63, 117-118

sujeitos 74, 97, 114

suspiro 126

S

saberes 85, 99-100

satisfação 118, 121, 123, 131-134

saúde 45, 50, 82-83, 88-89

sensibilidade 138

sentimentos 88, 92, 113, 115, 125, 133-134

significado 84, 93

síncrono 16, 19-20, 23, 29, 138

singular 72, 114

sociedade 15, 28, 50-51, 59-60, 81, 90, 92, 140

sofrimento 44-45, 62, 83

solidariedade 91

solução 29, 109, 140

sonhos 28-29, 69, 89

T

tarefas 51, 130

técnicas 15, 98, 113, 115, 120, 133

tecnologia 95, 97, 101, 103-104, 106-110

tecnologias 26, 92, 97, 99-108, 110

tema 22, 100, 109, 113, 121, 123, 125-126, 132-133

temores 88, 115

tensões 131

teoria 55, 76, 99, 123

terapia 53, 58

território 20, 44, 74

tesão 140-141

textos 21-22, 35, 138-141

trajetória 54, 61, 67, 109, 116, 121, 135

transcrição 54

transdisciplinar 16, 21, 103, 107

transformações 81-83,

90-91

trauma 132

tristeza 88, 140

turbulências 92

turma 20-21, 23, 75

U

UFRJ 15, 17-19, 98, 113, 120

universidade 15, 17-19, 23, 25-26, 28, 41, 43, 48-49, 54-56, 58, 60, 72, 83, 85, 98, 119-120, 123, 131, 138

uploads 108

V

vaidades 24

vida 21, 33, 36, 44, 46-47, 53, 58, 60, 71, 77, 81-83, 88, 91, 114

violências 24

vírus 81-83, 85-90

vivências 28, 34

vontade 20, 49, 51, 70, 72

vozes 31, 81, 86, 92, 138

vulnerabilidades 83

W

Waldorf 67-68, 70-75, 77voz 42, 86

V

vozes 51, 70

Y

youtube 74, 86

Sobre os autores e as autoras

Ana Paula André

Mestre em Letras pela Universidade Estadual do Oeste do Paraná (UNIOESTE) Campus de Cascavel. Especialista em Fundamentos da Educação pela UNIOESTE. Especialista em Educação de Jovens e Adultos pela ESAB. Especialista em Educação Especial pela FAVED. Graduada em Pedagogia pela UNIOESTE. Atua como pedagoga na Educação Básica da - Secretaria Estadual de Educação do Paraná. Tem experiência em docência na Educação Infantil e Ensino Fundamental I, como coordenadora pedagógica na Educação de Jovens e Adultos, no Ensino Fundamental e no Ensino Médio. Membro do Grupo de Estudos e Pesquisas sobre Educação Social e Educação de Jovens e Adultos – (GEPESEJA), da UFSCAR de Sorocaba (SP).

Orcid: https://orcid.org/0000-0003-3374-8333

E-mail: aninhandre21@gmail.com

Cláucia Piccoli Faganello

Curiosa por natureza, sempre acreditei que não sei o suficiente e preciso aprender mais. Essa foi a questão que me conduziu até aqui e me instigou a seguir na academia. Mas não uma vida acadêmica conformada, uma questionadora. Estudar, compartilhar com outras pessoas e viajar são minhas grandes paixões. Também tem os gatos, esses seres incríveis e sábios que tanto me ensinam sobre como viver e me acompanham nas leituras e escritas.

Nasci no interior do Rio Grande do Sul, em Veranópolis, na Serra Gaúcha, mas sempre soube que não ficaria por lá. Fiz graduação em Administração: Gestão Pública (UERGS) e Direito (UniRitter), me especializei em Gestão Pública Municipal (UFRGS), fiz meu mestrado na Sociologia (UFRGS) e atualmente curso o Doutorado em Administração (PUCRS).

Quem quiser trocar experiências e construir pontes, pode me contatar através do e-mail: claucia.f@gmail.com

Igor Vinicius Lima Valentim

Nasci no Rio de Janeiro e sempre adorei viver uma vida quase nômade. As histórias das pessoas me fascinam. Morei em lugares como Porto Alegre, Balneário Camboriú, Itajaí, Criciúma, Ribeirão Preto, Itapiranga, Lisboa (Portugal) e na ilha de São Miguel, no meio do oceano atlântico, no arquipélago dos Açores. Atualmente trabalho como professor na Universidade Federal do Rio de Janeiro e no Programa de Pós-Graduação em História das Ciências e das Técnicas e Epistemologia, na própria UFRJ.

Encantam-me temas polêmicos, jogados para debaixo do tapete ou deixados nos bastidores. Alguns assuntos com os quais tenho dialogado: cafetinagem acadêmica, poder, curiosidade, pesquisa qualitativa, autoetnografia, cartografia, metodologias ativas, educação, universidade, transdisciplinaridade, subjetividade e confiança.

Você também pode me achar no Youtube **Experiências e Epifanias** ou pelo e-mail: valentim@gmail.com

Anteriormente, escrevi Residência Solidária UFRGS: vivência de universitários com o desenvolvimento de uma tecnologia social (Editora da UFRGS), Economia Solidária em Portugal: inspirações cartográficas, When money is not above everything: other ways of working, generating income, and living, Metodologias ativas no ensino remoto: uma autoetnografia, Cafetinagem acadêmica, assédio moral e autoetnografia, e Desafios e estratégias na Pós-Graduação: uma conversa necessária (Editora Compassos Coletivos).

Kelly Cebelia das Chagas do Amaral

Nascida na primavera de 1979, era para se chamar Kelly Cristina, mas mamãe havia conhecido uma criança com esse nome muito travessa, decidiu então trocar Cristina por Cebelia...confesso que gostei!

Criada no interior da Amazônia, tinha o sonho de ser bailarina e depois aeromoça. A realidade ficou melhor que o sonho, se formou em Educação Física pela Universidade Federal do Acre. Assim, pode dar aula aulas de danças, ginásticas, esportes, recreação e tudo mais o que quiser. Atualmente desenvolve sua pesquisa de Doutorado em Educação pela Universidade Estadual de Londrina, viajando o Brasil e a Argentina em busca de escolas que se reinventam e adotam práticas de ensino diferentes das convencionais.

Najara Escarião Agripino

Mestra e bacharela em Administração; Especialista em Recursos Humanos, Rotinas e Cálculos Trabalhistas. Atualmente é graduanda em Relações internacionais e membro pesquisadora nos grupos de pesquisa Grupo de Pesquisa Ambiente, Turismo e Sustentabilidade – GEATS; e Pesquisa em Comunicação Política, Mídia e Eleições. Em Administração pesquisa sobre Sustentabilidade, Educação e Aprendizagem Organizacional. Em Relações Internacionais pesquisa sobre China nos temas de Civilização Ecológica, Orientalismo e *Soft Power*.

Paulo de Tarso Xavier Sousa Junior

Graduado em Psicologia pelo Centro Universitário UniFacid | Wyden. Mestre em Psicologia pela Universidade Federal de Santa Maria (UFSM). Assistente de Pesquisa pela Fiocruz Piauí. Docente na Universidade Estadual do Maranhão (UEMA).

Made in the USA
Monee, IL
03 May 2026

49438684R00094